ビジネスを学ぶ
基礎ゼミナール

How to Successfully Complete a Business Degree

齋藤雅子
Saito Masako
著

同文舘出版

まえがき

　この本を手にとる皆さんは，大学で経営学部や商学部を選んだ方々がほとんどでしょう。本書では，皆さんが大学生としてビジネスをこれから学ぶにあたり基本的な知識についてできるだけ平易に解説していきます。本書の学びを通じて「ビジネスを学ぶ」楽しさを知り，日常生活の土台づくりに役立てていただきたいと思います。

　ビジネスとは，世界中のあらゆる場所で24時間起こっている経済的な事象をいいます。私たちは知らず知らずのうちにビジネスと日々かかわりながら生活を営んでいます。コンビニエンスストアで飲み物を買う，これも一種のビジネスです。アルバイトで収入を得るのもビジネスです。これらはすべて，商売のルールや方法などを理解することに他なりません。

　皆さんの選んだ経営学部あるいは商学部でいったい何を学んでいくのか，どうやって学べばいいのかをこれからわかりやすく説明していきます。またレポートの書き方やプレゼンテーション技法などを知っておけば，将来社会人になっても強い味方となるでしょう。できるだけ早いタイミングでビジネスにかかわるこれらを学び，理解しておけば，キャンパスライフを豊かにし，後のビジネスチャンスにも活用することができます。

　ご存じのように，ビジネスの世界には国境はありません。そしてあらゆるビジネスには常に扉が開かれています。ただ大事なのは，皆さんが「扉の向こうを見てみたい」と思えるかどうかです。いまやグローバル企業として名高いトヨタグループの創始者，豊田佐吉氏は「障子を開けてみろ，世界は広いぞ」と述べたそうです。視野を広くもつ大切さが世界トップ企業の原点となったのです。

その扉の先にどんな素晴らしいチャンスが待っているか，扉の手前で考えても何も得られません。まず何をすべきかを考えることが大事です。自分の考えに基づいてどう行動すればいいのかを決めていくのです。ビジネスにおける「自ら考え，行動する」というチャレンジの連続が皆さんの人生を豊かにしてゆくことでしょう。ビジネスの知識や経験がきっと将来かけがえのない財産になっていきます。本書が読者の皆さんにとってその一助となることを心から願っております。

　2015年1月

齋藤　雅子

目　次

まえがき ……………………………………………………………… i

1章　イントロダクション　～ビジネスにチャレンジ！～

1　ビジネスを学ぶ意味とは？ ……………………………………… 2
　（1）日々の暮らしにビジネスがある　2
　（2）ルール　3
　（3）ビジネスの学び　4

2　3つのポイント ……………………………………………………… 4
　（1）おおまかに見る　5
　（2）じっくり観察する　5
　（3）深く丹念に調べる　5

3　豊かなキャンパスライフは皆さん次第 ………………………… 7

2章　経営学部（商学部）で何を学ぶのか？

1　ビジネス（商売）とマネジメント（経営） ……………………… 10
2　もうけとビジネス ………………………………………………… 11
3　経営資源 …………………………………………………………… 12
4　4年間の学び ……………………………………………………… 13
　（1）ビジネスは身近なもの　13
　（2）マネジメントは会社の命運を握っている　13
　（3）日々成長してゆく…それこそが「ビジネス」と「マネジメント」　14

3章 学びの体系

1 経営学の科目群 ·· 18
2 各科目のサマリー ·· 19
　　(1) 経　営　19
　　(2) 会　計　20
　　(3) 情　報　21
　　(4) マーケティング　22
3 4つの連携 ··· 23

4章 経営を学ぶ

1 経営とは ·· 28
　　(1) ビジネスとマネジメント　28
　　(2) ビジネスがあっての会社　29
2 経営の学び ·· 30
　　(1) 学びの土台　30
　　(2) 経営のアイデアや人材　30
　　(3) 歴史は鏡　32
3 優秀な人材になれますか？ ·· 32

5章 会計を学ぶ

1 会計とは ·· 36
　　(1) グローバルビジネスのカ・ナ・メ　36
　　(2) 収入と売上　37
　　(3) 現状を理解し，将来へ生かすため　38
　　(4) 会社のバロメーター　39

2 会計の学び …………………………………………………… 40
　（1）学びの土台　　40
　（2）帳簿のルールとしくみ　　40
　（3）ルール・チェックと経営者側の視点　　41
3 会社を見る目がありますか？ …………………………………… 42
　（1）財務諸表を読む力　　42
　（2）説明責任　　43
　（3）将来を見通すための知識　　44

6章　情報を学ぶ

1 情報とは …………………………………………………………… 48
　（1）インターネット社会が求めること　　48
　（2）利用価値　　49
2 情報の学び ………………………………………………………… 49
　（1）学びの土台　　49
　（2）情報技術の発展　　50
　（3）情報を活用する手法　　51
3 情報の扱い方 ……………………………………………………… 52
　（1）信頼できる情報選び　　52
　（2）コンピュータの罠　　52
　（3）情報に対するモラル　　53

7章　マーケティングを学ぶ

1 マーケティングとは ……………………………………………… 58
　（1）動く市場　　58
　（2）マーケットを知り，活用する　　59

2 マーケティングの学び ………………………………… 60
（1）学びの土台　60
（2）まずはニーズの理解から　60
（3）戦略を練る　61
（4）グローバルな活躍　62
3 マーケティングの基本 ………………………………… 63
（1）有効な価格設定　63
（2）ブランドやイメージの持つ力　63

8章 関連する学び

1 これまでの学びのステップ ………………………………… 68
2 経済学の学び ………………………………… 71
（1）消費者と会社　71
（2）国や地域　72
3 法学の学び ………………………………… 73
（1）ビジネスを守る　73
（2）法は世の番人　73
4 社会学の学び ………………………………… 74
（1）ビジネスと社会貢献　74
（2）社会に根ざすための考え方　75
5 学びを深める ………………………………… 75

9章 レポートの書き方

1 レポートとは？ ………………………………… 80
（1）報告手段　80
（2）レポートの特徴　80

(3) レポートのちがい　　81
　2　レポート作成 ··· 83
　　　(1) テーマ　　83
　　　(2) 誰に対して（相手がいる）　　84
　3　情報収集・分析 ··· 86
　　　(1) 情報収集の方法　　86
　　　(2) 分析の方法　　89
　4　レポートの潜在能力 ·· 91

10章　プレゼンテーションの手法

　1　プレゼンテーションとは？ ·· 94
　　　(1) コミュニケーション・ツール　　94
　　　(2) 効果的なプレゼンテーション　　95
　2　プレゼンテーションの手法 ······································ 96
　　　(1) TPO　　96
　　　(2) プレゼンテーションとレポート　　97
　3　レポートとの共通点 ··· 99
　4　プレゼンテーション特有の要素 ·························· 100
　　　(1) 口頭である　　100
　　　(2) 「わかりやすく，簡潔な」資料を使える　　101
　　　(3) チームワーク　　102
　　　(4) チャンスは当日のみ　　104
　5　チャンスを生かす ··· 105
　　　(1) 自分をアピールするチャンス　　105
　　　(2) 知識に基づけばこそ　　105
　　　(3) 計画と実行　　105

11章 ゼミナール選び

1 大学にはクラスがない …………………………………… 110
2 ゼミナールとは？ ………………………………………… 111
3 ゼミナール選び …………………………………………… 113
　（1）自分の感覚を大事にする　113
　（2）所属決定までのプロセス　114
　（3）志望理由　115
　（4）ご縁を受け入れる　115
4 ゼミナール選びのポイント ……………………………… 116
　（1）テーマ・内容　116
　（2）曜日時限　116
　（3）活動内容　117
　（4）教員と学生　118
　（5）ゼミナール生に求めるもの　119
　（6）評価基準　120
5 かけがえのない財産 ……………………………………… 121
　（1）楽しく，厳しく　121
　（2）学生がゼミナールの運営　122

12章 資格取得にトライ！

1 努力の形 …………………………………………………… 126
2 情報を保存する意識 ……………………………………… 127
3 自身のために使う ………………………………………… 128
　（1）ワクワクが大事　128
　（2）社会に見せる形　129
4 資格の活用 ………………………………………………… 130

(1) 資格は共通のものさし　130
　　　(2) 関連する資格　132
　5 資格は社会的証明 ……………………………………………… 133
　　　(1) 授業はきっかけ　133
　　　(2) 資格は盾になる　134

13章　サマリー ～未来へ!!～

　1 巣立ちに向けて ……………………………………………… 138
　2 1年生が最も大事 …………………………………………… 139
　3 未来への扉 …………………………………………………… 140

付録　履修とは？

　1 履修とは何？ ………………………………………………… 144
　　　(1) 履修……1年生の最初のハードル　144
　　　(2) 時間割で意思表示　145
　　　(3) 単位の積み重ね　146
　2 4つのプロセス ……………………………………………… 147
　　　(1) オリエンテーション・ガイダンス　147
　　　(2) ハンドブック　148
　　　(3) 申　請　148
　　　(4) 履修の確認　149
　3 決めるという選択が将来につながる ……………………… 150

主要参考文献　152

コラム ☼

1. キャンパスの活用 …………………… 8
2. 経営学部と商学部 …………………… 15
3. ビジネスの成功 ……………………… 25
4. 人材を生かした経営 ………………… 34
5. キャリア形成の場 …………………… 45
6. 情報戦略ありきの経営 ……………… 55
7. ブランドは生み出すもの …………… 65
8. 新聞のマジック ……………………… 77
9. ホウ・レン・ソウ …………………… 92
10. パワーポイントに対する理解 ……… 107
11. 卒業論文による締めくくり ………… 123
12. 履歴書がキャリアの証 ……………… 136
13. 時間割プラン ………………………… 151

1章 イントロダクション
～ビジネスにチャレンジ！～

何かを学ぶためには，
自分で体験する以上にいい方法はない。

アルベルト・アインシュタイン（Albert Einstein，1879～1955年）
ドイツ生まれの物理学者。1921年ノーベル物理学賞受賞。

1 ビジネスを学ぶ意味とは？

（1）日々の暮らしにビジネスがある

　ビジネスは私たちが日常生活の中でかかわっているものです。身の回りでは知らず知らずのうちにビジネスが成り立っています。例えば「コンビニエンスストアでお弁当を買う」。これもれっきとしたビジネス活動の1つです。私たちの生活になくてはならないもの，それがビジネスなのです。

　映画を見に行く，友人とランチを食べに行く……。自分の持っているお金で何かを得ようとする行動は，すべてビジネス活動にあてはまります。

　映画を見るにしても，ランチを食べるにしても共通しているのは，まずお金を払うということです。これが「消費」といわれる行動です。私たちは日常生活で消費という行動を通じて，ビジネスと大いに（いつでも，ありとあらゆるさまざまな場所で）かかわっているのです。

これらは，まさにビジネス

ランチを食べる

映画を見る

ビジネスを学ぶとは……
日常生活の土台となっている商売，商売のルールや考え方，
商売を営むお店や会社のしくみを理解することです

(2) ルール

　サッカーのプレイヤー（選手）はサッカーのルールを知っています。自動車のドライバー（運転手）は交通ルールを知っています。いずれも、スポーツやドライブはルールを知り、守っているからこそ行うことができます。もちろんプレイヤーやドライバーはルールを破るとペナルティが課せられることも知っています。プレイヤーがサッカーのルールを知らずにプレイしたり、ドライバーがルールを知らずに運転したりということは常識的に考えもしないでしょう。

　ビジネスも同じです。私たちが暮らしの中で身近にかかわっているビジネスを知るのは、そのルールやしくみを知るということです。それらを知っていれば、自分自身の生活を豊かにするためにうまく活用できます。上手にプレイしたり、運転したりするのと同じです。上手にビジネス社会に溶け込むことができます。

ルールやしくみは正しく知って活用しよう

プレイヤー

ドライバー

ビジネス

(3) ビジネスの学び

さて,誰かに次のような質問をされたら,どう答えたらよいでしょうか。

「私たちはなぜビジネスを学ぶのでしょうか？」

答えは1つです。ビジネスを学ぶことによって,私たちは今の生活だけでなく,将来の生活設計に生かすことができるからです。豊かな人生を送ることができる人は,ビジネスというものをよく知っています。将来をイメージし,人生を設計することで,満足のいく暮らしを手に入れることができるでしょう。

世界中のありとあらゆる場所で,しかも24時間起こり続けている経済的な事象,それがビジネスです。ビジネスを学ぶことは,まったく自分のいる世界とかけ離れた話ではなく,むしろ身近な日常を知るということです。楽な姿勢でのぞんでください。

2 3つのポイント

さて,ビジネスを学んでいくために,次の3つのポイントを知っておくとよいでしょう。ここが大学生としての学びの第一歩です。

大学生の「学びのポイント」
1つめ：　世の中で起きている大きな動きや背景を知る
2つめ：　今,目の前で起こっていることをじっくり知る
3つめ：　それらの学問的な考え方や成り立ちを調べて理解する

(1) おおまかに見る

　鳥になったつもりで空高くから現実世界を見つめてみるということです。これはビジネスの周りを取り囲む動きや背景を知っておくことを指します。どんなビジネスであっても，さまざまな国々の事情，景気，法律，文化や歴史の問題と密接に絡んでいます。ビジネスの周りにある動きや背景を大まかに知っておくことで，ビジネスを理解しやすくなるでしょう。

(2) じっくり観察する

　私たちの目の前で起こっている身近な事例からビジネスを知るということです。お金を払って何かを得るという，消費を日々繰り返している私たちですから，今の行動がどんなビジネスになるのかということを常に考えてみましょう。

　24時間営業のコンビニエンスストアで何かを買うことが，どのようなビジネスになるのでしょうか。いつでも好きなときに欲しいものを得られるしくみが，まさにコンビニエンスストアにあります。

　コンビニエンスストアで私たちが支払った代金が，商売でいうお店の「もうけ」です。そのもうけの一部がアルバイト店員の給料として支払われます。このような身近な例によって，ビジネスは学べます。

(3) 深く丹念に調べる

　先の例であげたような，今や当たり前にどこにでもあるコンビニエンスストアがいつから生まれたのでしょうか。またどうしてそのようなビジネスのしくみができたのでしょうか。これらを知るために，学問的な考え方やビジネスの成り立ちを整理してみます。コンビニエンスストアに関する知識を詳しく掘り下げていくのです。

　そうすれば，コンビニエンスストア自体がどんな風に広がっていったのか，グローバルなビジネスを展開できているのかまで知ることができます。いずれにせよ，消費者である私たちが必要とすること（これをニーズといいます）

からビジネスは始まります。

　これらは，単に大学で学ぶだけではなく，社会に出てからも続く基本動作です。これから学んでいく経営学や商学は，社会科学という学問分野の中で広く一般に「実社会に最も近い学問」と呼ばれています。

ビジネス学びのサークル

1．おおまかに見る

ビジネスを学ぶことが
豊かな人生設計を支える

3．深く丹念に調べる

2．じっくり観察する

　鳥になったつもりで空高くから現実世界を見つめ，すばしっこく物事に近づき，詳細を丹念に観察してみましょう。

3 豊かなキャンパスライフは皆さん次第

　大学には，あらゆる意味で皆さんに多くのチャンスが待ち受けています。これまで知らなかったことを学べたり，新たな友人と会話したり，さまざまな経験ができる場所です。それらはきっとかけがえのない財産になることでしょう。ただし皆さんが前向きに楽しく過ごせるかどうか，が重要なポイントです。素晴らしく，楽しい思い出は自分で作るものだからです。

　これまでの学校では，決まった授業やクラスに出席し，行動しておけばよかったでしょう。どうしたらいいのかわからなくなったとき，先生に問いかければ導いてくれませんでしたか。好き嫌い，関心の有る無しを問わず，自分が選んだのではなく，与えられた環境の中で過ごしてきたと思います。たとえ悪い点をとったとしても，よほどのことがないかぎり，授業をやり直す必要はなかったと思います。

　大学での，豊かなキャンパスライフは自らで手に入れてください。前向きな姿勢で，少しの勇気があれば，これまで経験したことのないことをやり遂げたり，資格を取得したり，それぞれ個々に備わった自分の新たな可能性に気が付くきっかけにもなります。

　経営学部，商学部の大学１年生の皆さん，あなたの選んだ学部では何を学べるのか，どうやって学べばいいのか，大学のしくみを知っておきましょう。

　大学へ入学したこのタイミングでこれらを正しく理解しておけば，あらゆる学びに前向きに楽しく過ごし，キャンパスライフを豊かにすることができるでしょう。

ポイント

1. なぜ経営学部や商学部を選んだのでしょうか？
2. 大学の４年間で実現したい目標や計画がありますか？

コラム1 ☼ キャンパスの活用

キャンパスには専門スタッフの窓口がある

　キャンパスには，たくさんの窓口があります。それぞれ得意な分野があり，専門のスタッフがいます。私たちが何か相談したいことがあったら，この専門の窓口を訪ねてみましょう。学生自身で問題を解決するのが大学ですが，解決の糸口を見つけるのにあたり，良いアドバイスを得られるでしょう。

〈主な窓口〉
- 学生課 …………………………… 学生の大学生活に関すること
- 教務課 …………………………… 学びに関すること
- 経営学部事務室（商学部事務室）…… 学部に関すること
- 情報センター …………………… コンピュータ利用に関すること
- 図書館 …………………………… 本，雑誌に関すること

豊かな暮らしは
　学びの充実から

2章 経営学部(商学部)で何を学ぶのか？

もっとも高貴な娯楽は，
　　　　理解する喜びである

レオナルド・ダ・ヴィンチ（Leonardo da Vinci, 1452～1519年）
イタリアの芸術家。「モナリザ」「最後の晩餐」などの絵画で有名。

1 ビジネス（商売）とマネジメント（経営）

さて，無事履修も完了し，いよいよ大学生として新たな学びの準備が整ってきました。そこで，経営学部あるいは商学部に所属する私たちがこれから大学の4年間で学んでいく経営学，商学とはいったい何なのかについて全体像を述べていこうと思います。

端的にいえば，大学での学びは，ビジネスの理解を深めていくことです。ビジネスという言葉を一度は耳にしたことがあるでしょう。すべての科目でビジネスが登場します。つまり経営学部にしろ，商学部にしろ，あらゆる専門科目はビジネスに関連しているのです。そして，マネジメントとも深くかかわっています。

それでは，ビジネスとマネジメントとは，いったいどういう意味でしょうか。

> **ビジネス（Business）** とは，商売や商いをいい，もうけを得るために行われます。

商売や商いといえば，関西弁でいうところの「もうかりまっか!」という言葉が単刀直入にその言葉の意味を示しています。つまり，ビジネス＝もうけること，もうけのためにする行為，と理解するとよいでしょう。

> **マネジメント（Management）** は，経営を指し，ビジネスを営んだり，管理したりすることをいいます。

会社を経営するとは，ビジネスを営む組織（これが，会社です）を管理するという意味です。一般的に，ビジネスが商売そのものを指すのに対し，マネジメントはそのビジネスを行う会社や集団を管理・運営していくという意味で使われます。経営学部（商学部）では，ビジネスとマネジメントが学びの中心となります。

2 もうけとビジネス

　さて，人や会社がビジネスを始めるのはなぜでしょう。答えは1つです。もうけを得たいからです。逆にいうと，ビジネスでは常にもうかるかどうかがポイントです。新しいビジネスを始めてももうからなければ当然続けられません。いつもお客さんで行列ができているカフェと，いつ行ってもガラガラのバーガーショップ，どちらのビジネスが成功しているでしょうか。

　またビジネスは一時的なものでなく，できるだけ長い間にわたって続けることに意義があります。ですから，継続的に着実にもうけを得られるかどうかも大事です。開店したばかりのレストランが開店セールの3日間だけ行列ができていて，あとはガラガラ……こんな状況ではビジネスは長続きしません。そんなレストランは数ヵ月も待たずに閉店に追い込まれるでしょう。ビジネスの失敗例です。お客さんが入りにくいか，もしくは，入りたくないレストランがもうかっているはずがないからです。

ビジネスが成功しているのは？

行列のできるカフェ

ガラガラのバーガーショップ

3 経営資源

　これから私たちはビジネスとマネジメントに密接にかかわっている「人（ヒト），物（モノ），金（カネ），情報」について深く学んでいくことになります。これら4つのキーワードは，どれが欠けてもビジネスとマネジメントが成立しません。そのため，**経営資源**とよばれています。

　経営者になるために，もしくは，会社の部長や課長といった管理職として部下を束ねていくために，経営学部で大いに学んでください。もちろん商売の動向を予測するためのノウハウやお金のやりくりについても学びます。

4つの経営資源

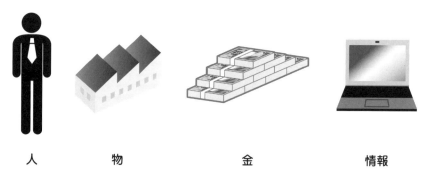

人　　　　物　　　　　　金　　　　　　情報

1) 人（ヒト）… 人材，人脈のこと。
2) 物（モノ）… 商品，製品，設備などのこと。
3) 金（カネ）… 資金，資金などのこと。
4) 情報… 顧客情報，ノウハウなどのこと。

すべてが揃うことが，ビジネス・マネジメントの鉄則です！

4 4年間の学び

(1) ビジネスは身近なもの

　ビジネスは，日常生活とかけ離れたところに存在しているのではなく，誰しもの生活と密接に関連しています。世の中にビジネス（商売）がなければ私たちの生活は成り立たないといっていいでしょう。

　町で見かけるビジネスマン，ニュースで聞いたことのある会社などは，一見自分とはまったく関係ない世界だと考えてしまいがちです。でも，それらは私たちの目の前にははっきり現れていなくても，暮らしを水面下で支えるビジネスの一部としてかかわっているのです。

(2) マネジメントは会社の命運を握っている

　では，マネジメント（経営）はどうでしょう。ビジネスが存在する以上，ビジネスの周りに人が集まってきます。ビジネスでのもうけが大きくなるほど，そのビジネスに携わる人の数が増えていきます。

　そして，会社というビジネスを行う人の集まりを形成します。人が集まれば，経営者はそこに人をどう管理していくか，どのように会社を運営していくかを考えなければなりません。数名であれ数千人であれ，従業員をどうやって束ねていけばビジネスがより発展するのかを常に模索するという責任が，会社のトップである経営者には課せられています。

　経営者のマネジメント能力は会社の命運（将来）を決定づけるからです。

(3) 日々成長してゆく…それこそが「ビジネス」と「マネジメント」

　また当然なことですが，私たちの生活がより豊かに便利になっていくのは，今までにはない新たな，画期的なビジネスアイデアが生まれているからです。それを消費者の私たちに届けることで，マネジメントの技量にかかっているのです。

　日常生活で物を買うという行為を繰り返している私たちだからこそ，ビジネスとマネジメントという2つの軸を念頭におきながら，それらについて学び，知識を深めていく意味があるのです。さあ，学びの準備が整ってきました。

　次章からは，ビジネスとマネジメントの学問領域について説明をしていきましょう。

豊かで便利な社会や暮らしを支える
ビジネスとマネジメント

ポイント

1. ビジネスとは，どのような意味でしょうか？
2. マネジメントとは，どのような意味でしょうか？
3. 4つの経営資源とは何でしょうか。それぞれがどのようにビジネスやマネジメントにかかわっているのでしょうか？

コラム2 ☀ 経営学部と商学部

経営学部と商学部のちがいは，物の見方にある

　学部を選ぶとき，多くの人がある質問の答えを知りたいと思うでしょう。それは，こんな質問です。

「経営学部と商学部のちがいは何でしょうか？」

　経営学部では，ビジネスを営む会社の戦略や方針，組織運営などにスポットライトをあててビジネスを見ます。商学部は営まれるビジネスそのものやビジネスに付随するルールやしくみに着目しています。両者の共通項が「ビジネス」です。

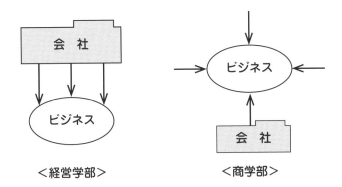

「ビジネス」，これが経営学部と商学部に共通するキーワードです！

3章 学びの体系

楽しんでやらなきゃ，
　なにごとも身につきはしません

ウィリアム・シェイクスピア（William Shakespeare，1564〜1616年）
イングランドの劇作家，詩人。『マクベス』『ロミオとジュリエット』などの著者。

1 経営学の科目群

　この章では，経営学を学んでいくのに，どのような学問がどのように関連しているのかを紹介したいと思います。まず経営学部（商学部）では，もちろんビジネスやマネジメントを学ぶ訳ですが，一概に学ぶといっても非常に幅の広い範囲です。さまざまな学問領域があり，それぞれがさらに細かい内容で授業が設けられているのです。

　まずは学びの全体像を知り，その上で，自分がより関心を持った学問領域を主専攻として掘り下げていくことになるでしょう。経営学部で構成される代表的な学問領域には，次の4つがあげられます。

- 経営
- 会計
- 情報
- マーケティング

経営学部で学べる四大科目群

2 各科目のサマリー

(1) 経　営

　ビジネスやマネジメントを取り扱う学問では，文字通り2章で説明したような，商売にかかわる，あるいは商売を担う会社をどう管理するかといった内容が中心です。その中でも，経営の領域では，次のようなテーマを学問として学んでいきます。

　☆自動車ビジネスはどのような戦略をとってきたか
　☆新しいビジネスで起業するために何が必要か？
　☆コンビニエンスストアの経営はどのように発展してきたのか
　☆経営を安定させるために，会社のしくみはどうあるべきか
　☆どのような経営者が求められているか

といった具合に，経営のテーマは多種多様です。さまざまな方面から経営を学べるよう，授業科目がそれぞれ設けられています。
　科目名でいうと，例えば，次のようなものがあげられます。同じ経営学部であっても大学によっては授業名称が異なる場合がありますが，似たような名称の科目が設けられているか，もしくは，名称が異なっていても同じような内容の授業を探すことができるでしょう。

経営		
経営財務論	経営学	国際経営論
経営組織論	リーダーシップ論	中小企業経営論
経営学基礎	経営史	経営管理論

(2) 会　計

　ビジネスやマネジメントにおいて，必ずといっていいほどお金は欠かすことができません。私たちの生活にお金が必要であるのとまったく同じです。ビジネスで必要なお金のことを，**資金**といいます。

　ビジネスを成功させるには，資金を効率的に活用するマネジメント力が絶対条件です。そのために役立つ学問が，会計です。会計では，次のようなテーマを取り扱っています。

☆**今年一年間の会社のもうけはいくらだったか**
☆**無駄なコストのうち何を削減するべきか**
☆**現在の会社の価値はどれぐらいか**
☆**携帯1台あたりの製造費用はいくらか**
☆**ビジネスで出入りしたお金の使いみちは？**

　このように，ビジネスのもうけや資金の動きをつかんだり，予測したり，会社の財産を把握したりするための知識を会計の関連科目で学べます。経営学部で学ぶ会計の主な授業科目は，次のようなものがあります。

財務諸表分析	会計学	会計監査論
財務会計論	原価計算	管理会計論
ビジネス会計	簿記	会計学基礎

会　計

(3) 情　報

　今わたしたち消費者が求めているニーズは，情報として集められ，ビジネスやマネジメントに生かされています。最近はコンピュータ技術が進化し，インターネットであらゆる情報がすぐに手に入る時代になりました。情報に関連する科目では，以下のようなものがあります。

　☆わが社のコンピュータシステムをどう構築するか
　☆機密情報の漏えいをいかに防ぐか
　☆よく売れる商品と売れ残る商品とは？
　☆アパレル業界が予測する現代女性の流行ファッションは？
　☆Ｔ社の情報化戦略事例

　情報といっても，コンピュータ知識に関する情報もあれば，企業の情報化戦略の事例研究までを含みます。最近のビジネスは情報をいかに駆使してビジネスチャンスを得るかの競争ですので，集めた情報を分析するためのノウハウやシステムをどうやって構築するのかも学べます。情報の授業科目には，次のような科目があります。

経営科学	経営情報論	ビジネス統計
情報処理概論	プログラミング演習	市場調査演習
ビジネス・プロトコル	データ解析演習	ビジネス・コンピューティング

情　報

(4) マーケティング

　お客様が満足する商品を売り出すことが，もうけを得る近道です。簡単にいえば，マーケティングは，マーケット（市場）の動きについて考える学問です。マーケットで買い手はどんな商品を求めているのか，売り手はどんな新製品を売り出そうとしているのかといった具合です。マーケティングに関連するテーマをあげると，次のとおりです。

　☆S社人気ベストセラー商品トップ10
　☆顧客ニーズを知るためのリサーチ手法
　☆国際線航空会社のイメージ調査
　☆商品の広告宣伝とその効果
　☆よく売れるコンビニ弁当の価格とは？

　ビジネスは需要（買い手サイド）と供給（売り手サイド）で支えられています。売り手が商品を売る量より，その商品を欲しいと思った買い手が多くいたとしたら，商品は品薄になり，その価格は上昇します。
　マーケティングは，マーケット（市場）にing（動き）を付けたものといわれる所以です。マーケティングの授業科目には，次のようなものがあげられます。

商品企画論	マーケティング論	マーケティング・マネジメント
ブランド・マーケティング	マーケティング・リサーチ	国際マーケティング
デジタル・マーケティング	マーケティング戦略	マーケティング入門
マーケティング		

3 4つの連携

　多くの経営学部では，ビジネスやマネジメントにかかわる学問領域を複数の独立した科目群として設けています。実際のビジネスは日々動いていますので，ビジネスの動きやニーズを上手に素早く捉えるには，さまざまな知識をミックスしながら，活用していけるかどうかが問われるからです。

　そうでなければ，ビジネスでの成功はないでしょう。たとえ成功して一躍有名になった経営者がいたとしても，十分な知識がなければ，数年後そのビジネスは古ぼけ，私たちの記憶から消えていきます。

　経営，会計，情報，マーケティングなどという独立した科目群は，それぞれビジネスやマネジメントの現場では連携し合っています。経営学部でそれら科目群を空の上から見渡す鳥のように，それらの科目の全体像を知りましょう。1年生向けに設けられている科目は，全体像を知るための基礎科目です。

　2年生以上（大学によっては3年生以上）になると，独立した科目群をより詳しく学べる科目がたくさん用意されています。自分の最も関心のある学問領域を主専攻として決める上でも，いろいろな科目群から科目を選んで履修してみることをぜひおすすめします。

自分の学問は自ら決断する，
その一歩

> **豆知識　シラバス**
>
> すべての授業科目には,「シラバス」という便利なものが用意されています。
>
> **シラバスとは，授業に関する情報を一覧にしたものです。**
>
> 授業内容，教員名，単位数，教科書名，成績評価基準といった情報が満載ですので，大いに活用しましょう。

ポイント

1. 経営学部（商学部）の代表的な科目には，どのような科目がありますか？
2. また 1. の科目はそれぞれどのようにかかわっていますか？

コラム3 ☀ ビジネスの成功

身近なところに，成功するビジネスアイデアはある

　私たちの生活は日に日に便利になっています。生み出されたさまざまなビジネスアイデアが現実の商品やサービスとなり，社会に利便性を提供してくれるからです。

オリジナルのアイデアや技術が，ビジネスを生み出します

　新しいビジネスアイデアを生み出すのは，会社だけではありません。一個人である学生であっても今までにはないアイデアがあれば，ビジネスは始められます。
　実際に，大学生で会社の社長という例は珍しくありません。

皆さんの頭の中に眠っているビジネスアイデアはありませんか？

第4章 経営を学ぶ

世の中が必要としているものを常に探せ

トーマス・エジソン（Thomas Alva Edison, 1847～1931年）
アメリカの発明家。電球, 蓄音機などの発明で有名。

1 経営とは

　これからの章では，前の章で説明した経営学部で学べる代表的な4つの科目群について概観をそれぞれ説明していきます。この章では，経営に関することがテーマです。経営の科目にはどんなものがあるのか，どんな風に経営を学べるかを説明していきます。また他の科目群とのかかわりについても考えます。

　経営とは，文字どおり「営みを継（経）続する」という意味です。

（1）ビジネスとマネジメント

　ビジネスは目的なしに実行されるものではありません。ビジネスは，個人事業主であれ，大会社の経営者であれ，もうけを得るという最大のミッションに向かって営まれています。私たちの生活を取り巻くようにビジネスとそれを営む会社が存在しています。

　3章で，ビジネスはもうけるために行われる商売を指し，マネジメントはビジネスを営み，管理することや会社経営そのものと述べました。ここでのちがいは，マネジメントが必ずしももうけに関連していないということです。例えば，非営利組織は名称の示すとおり「利益を営む」組織ではありません。しかし，非営利活動を営むというときにもマネジメントという言葉を使います。

　そのためマネジメントの方がビジネスより広い概念といえるでしょう。またマネジメントと経営という言葉が普段ランダムに使われていますので，ときに混乱してしまうかも知れません。確たる使い分けもされず使われている場合が結構あります。マネジメントと経営という言葉を同意語として取り扱い，ビジネスとの使い分けをしましょう。それ以外，まったく難しく考えないでください。

経営を学ぶことは,マネジメント (Management) を学ぶということです。

(2) ビジネスがあっての会社

　ビジネスのイロハとビジネスを営む組織を理解することは,会社を知るということです。なぜなら,ビジネス(商売)を営む組織が,会社と呼ばれているからです。ビジネスなくして会社は存在しません。

　一般的に,経営学部は経営を営む会社側から見た学びを,商学部はビジネス側から見た学びを想定していることが多いようです。

　次の図のようにビジネスの種の成長を育むことに視点を置くか(経営学部),成長するビジネスの種に視点を置くか(商学部)の違いです。要は物の見方が少し違うだけです。

ビジネスの種が,会社の経営を生み出す

2 経営の学び

(1) 学びの土台

　経営学部での学びは，私たちが普段生活する中でかかわる，ビジネスを営む会社という組織について焦点を当てています。会社は，もうけを得るためにビジネスを育み，経営活動を行います。もうからなければ，継続的に（ビジネスを）営めないということですから，たちまち会社はつぶれてしまいます。

　経営の基礎知識は，「**経営学基礎**」や「**経営学総論**」といった科目で学ぶことができます。多くの経営に関する授業を学ぶにあたり，あくまでも基本的なことが中心です。これだけでは会社の経営を学ぶのに知っておいてほしいという前提条件のようなものです。

経営を学ぶ土台となる授業科目

「経営学基礎」　「経営学総論」

(2) 経営のアイデアや人材

　会社の経営には，さまざまなアイデアや方法が求められます。なぜなら，人気のあるファッションやカラー，ブランドや商品は日々変化しているからです。例えば，今年の人気スイーツベスト 10 に並ぶ有名ブランドのスイーツが，来年のベスト 10 にランキングされるかというとそうではありません。

　日々私たちの生活観や価値観は変化していますので，会社がもうけるためにはたくさん売れる商品を生み出すことが必要です。またヒット商品をどうやって生み出せばよいのかというアイデアや方法も考えなければなりません。

これが，経営に勝つための方策，**「経営戦略論」**です。

　アメリカの経営学者チャンドラーは「組織は戦略に従う」という名言を残しています。これは，現状の組織にあわせて戦略を考えるのではなく，戦略を考え，それを実行するためにどんな組織をつくればよいかを提案しています。アイデアと組織づくりは会社経営にとってそれだけ大事ということです。

　なぜなら，会社は，従業員1人ひとりが集まった組織の労働力で支えられています。従業員がより意欲的に仕事をし，会社の利益獲得に役立ってくれれば，より経営は安定していくでしょう。だからこそ**「経営組織論」**や**「人的資源管理論」**といった学問で，仕事に対して従業員のやる気を起こさせるための組織づくりや，従業員という貴重な人材をどうやって管理していくかを学びます。マネジメントの父と称された経営学者ドラッカーは，経営者の資質として「人々を動機づける能力」の重要性を訴えています。

　逆に，**「リーダーシップ論」**で学ぶのは，従業員を束ねる経営者に求められる資質とは何なのか，どんな経営者だったら会社の経営は安定するのかです。船長が船の舵取りをできなければ船は沈むのと同様に，経営者が経営の舵取りをできる能力がなければ，会社は沈んでしまいます。

会社経営も舵取りのようなもの

経営の学びを深める科目

- 「経営組織論」
- 「リーダーシップ」
- 「経営戦略論」
- 「人的資源管理論」

(3) 歴史は鏡

　また会社の経営というのは，そもそもいつから生じて，これまでどのように発展してきたのでしょうか。日本の経営とアメリカの経営は同じように発展したのでしょうか。そういった経営の歴史を見るのも，現代の経営や未来の経営を考えるとき，知っておくと役に立ちます。

　会社の成り立ちから現代に至るまでの成功談はもちろん，失敗談ですら知っておいて損はありません。**「経営史」**はまさにその会社経営の歴史がテーマです。

3 優秀な人材になれますか？

　経営学部の学生が就職活動で最もよく聞かれる質問は，「経営学部であなたはいったい何を学びましたか？」です。

　では実際，4年生になったらこの質問にはっきりと答えられるでしょうか。会社を経営するのは，簡単なことではありません。いまやインターネットで24時間いつでも好きなときに好きな物を買える時代です。会社の経営活動は昼夜連続し，休みがありません。経営は待ってくれません。

　経営は暮らしを支える会社とその営みを学ぶ学問です。それは，ただ単に会社そのものだけを見るのではなく，むしろ戦略や組織のあり方，リーダーシップなどいった個々の知識を得ます。総論と各論がそろって初めて経営に生かされます。会社の安定が私たちの消費を支え，経済を支えているのです。

会社の人事担当者が経営学部の大学生に対して「何を学んだか？」を面接で問いかけるのには理由があります。会社の経営とは何か，そして会社の経営には何が必要かを学んでいる学生は，その会社の社員として経営に貢献する優秀な戦力となることを知っているからです。

　もし学びが不十分であれば，会社にいても会社の経営を支える人材とならないことも知っています。会社は従業員を雇うために給料を払います。もうけに貢献しない人材を雇う余裕は会社にはありません。

会社にとって人材は貴重な資源

ポイント

1. 経営を学ぶとは，どういうことですか？
2. 会社にとって人材は，どのような役割を担うべきでしょうか？

コラム4 ☼ 人材を生かした経営

スターバックスの経営

　日本でもスターバックス（スタバとよばれています）というカフェが至るところに見られるようになりました。いまや誰でも知っているコーヒー店の世界ブランドです。スターバックスがアメリカから世界各地に広がった理由の1つに，カウンターに立つ従業員たちの接客マナーの良さがあります。

　カウンターでお客様に接する従業員1人ひとりの親切な応対や優しい語りかけが，来店客を心地よくさせます。そして「コーヒーを飲むならスターバックスに行こう！」と再び来店するようになります。

爆発的なリピーター（継続して来店するお客様）の増加
⇒スターバックス経営成功のカギ

　ここで理解できるように，接客業においていかにお客様の気持ちをつかむのかが大事です。その気持ちをつかむのは，接客に携わる従業員たちなのです。

優秀な人材こそが会社経営を発展させる

5章 会計を学ぶ

真理より偉大なものはありません
最小の真理でさえ偉大です

ヨハン・ヴォルフガング・フォン・ゲーテ（Johann Wolfgang von Goethe, 1749〜1832年）
ドイツの詩人，劇作家。『若きウェルテルの悩み』『ファウスト』などで有名。

1 会計とは

　この章では，経営学部で学べる代表的な科目群のうち，会計について考えます。会計の科目にはどんなものがあるのか，どんな風に会計を学べるか，そして，経営の科目とどのように関連しているのかを説明していきます。

　読者の皆さんは会計と聞いていったい何を連想するでしょうか。数字や計算といったイメージを持つ人が多いと思います。

　会計とは，会社の経営活動を数値でとらえる行為のことです。

　会社はもうけ（利益）を得るため，さまざまな活動を行っています。会社の活動は常に動いていますから，会計もその活動の動きに応じて変化します。その変化は，私たちが日常人と人とのコミュニケーションで使う言葉と似ています。話をする相手に応じて言葉を使い分けるように，会計は会社の活動がどんなビジネスであれ，どんな取引先であれ，またどこでビジネスが行われてもいいように，対応できる一定のしくみを整えています。それゆえ，会計は次のようによばれています。

会計は「ビジネスの言語」です

(1) グローバルビジネスのカ・ナ・メ

　今の時代，インターネットや携帯電話で買い物ができるのは当たり前になりました。いつどこにいても好きな商品がオンラインで手に入る時代です。これは，会社の活動が国内のお客様だけでなく，国境を越え世界中の人々を

対象にしていることを意味します。

会社の活動が海外に広がるほど，会計も活発な変化を求められます。グローバルビジネスを数値で捉えるために開発された国際会計基準（IFRS）とよばれる世界共通のルールが100カ国を超えて利用されています。国際会計で学者として著名な平松一夫氏は，「IFRSは世界で活躍するビジネス・パーソンを目指すなら，欠かすことのできない知識となりつつある」と述べています。

私たちが日々の暮らしでお金を得るために働くのと同様に，会社もビジネスに必要な資金を得るため，会計を通じて世界のさまざまな資金提供者へ会社を知ってもらおうと情報を発信します。グローバルビジネスは会計の支えなくして成立しないのです。

会計がグローバルビジネスを支える

（2）収入と売上

実のところ，会計は皆さんの身近にあります。一般の家庭で家計簿をつける行為も会計の一種です。買い物をしたときに受け取った領収書を集め，何にいくら使ったのかを目的別に計算することは，れっきとした会計なのです。もちろん会社もビジネスに生かすため，何のために，いったいどのくらいお金がかかったのかを把握するためにきちんと日頃から帳簿に記録しています。

日々の暮らしの中に会計の考え方がすでに根付いています。個人の家計に給与もしくは事業で得られた収入があるのと同じように，会社はお客様から受け取った商品代金を得ます。これが，**売上**です。

そうして1年経ったとき，年間でいくらもうかったのかがわかります。個人が家計簿をつけるように，会社は帳簿をつけていきます。**財務諸表**というのは，帳簿をまとめたものです。

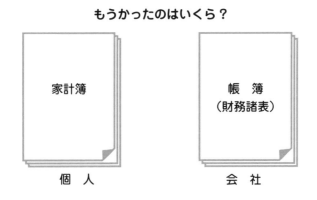

もうかったのはいくら？

ただし，タダではもうけを得られません。さらにいえば，手元にあるお金だけではまかなえない場合もあります。会社をより大きくしたいと思う経営者が銀行からお金を借りようと思うのも，将来のために今お金が必要だからです。

(3) 現状を理解し，将来へ生かすため

会計は，会社経営に欠かせないお金（資金といいます）にまつわること全般を取扱います。ビジネス（商売）を営む会社が，どのくらいもうけているのかといった視点を与えてくれます。

もうけ（利益）はあくまでも経営努力の成果ですが，これから先どれくらいもうかるかという将来の可能性までを予測することもできます。また，会社が今持っている財産にはどのようなものがあるのかなどもわかります。財

産には，現金の残高や借金の額も含まれます。

借金の返済にしろ，必要経費にしろ，負担が大きすぎると，会社の経営を圧迫します。ひいては会社が潰れかねません。何事も経営にはバランスが大事です。

では，会社はバランスのとれた経営ができているのでしょうか。この答えを知るためには，会計が欠かせません。会計という学問は，「会社がどのような経営状況にあるのかを理解し，将来の経営に生かす」ためにあります。

会計を学ぶのは，会社の現状を知り，将来へ生かすためです。

会計の視点

もうけ （会社がいくらもうけたのか？）	経営資金 （いくら経営にお金が必要か？）

(4) 会社のバロメーター

良い会社のイメージが安定している会社のバロメーターには必ずしもなりません。むしろミスマッチを起こしていることがあります。

では，そのミスマッチを自身の目で見極められるとしたらどうでしょうか。また会社の経営者や管理者になろうとするとき，会社の経常状況を判断する力が必要です。会計の学びを通じて養われるのは，会社を見る目と物事を客観的に判断する力です。

これが，会計の素晴らしさです。

2 会計の学び

(1) 学びの土台

　私たちが生活にお金が必要であるのと同じように，会社経営もタダでは何もできません。さまざまなお金の出入りがありますし，ときには自動車や株式といった財産を手に入れることもあるでしょう。手に入れられた財産も経営に生かされていきます。

　会計学者の伊藤邦雄氏は「会計のダイナミズム」という言葉を用いて，会計が会社やそれに関連する人々にもたらす影響を表現しています。会計の基礎知識は，**「会計学基礎」**や**「会計学総論」**といった科目やテキストを通じて学ぶことができます。これから会計をより深く学ぶのに，あくまでも基礎知識を前提としています。

会計を学ぶ土台となる授業科目

「会計学基礎」　「会計学総論」

(2) 帳簿のルールとしくみ

　会社のもうけ金額はもちろん，財産の内訳を整然と記録していくためには，皆が同じテクニックを用いる必要があります。そのテクニックを学ぶのが，**「簿記」**です。

　「簿記」には，会社が外部から仕入れてきた商品を売るか，原材料を仕入れて製造した製品を売るかによって，**「商業簿記」**や**「工業簿記」**があります。

　会社のさまざまな経営活動を日々記録していき，帳簿で見やすく集計していきます。集計された帳簿が，財務諸表です。財務諸表は世間の人々に会社

のことを知ってもらうために作成されますから，会社が利用するルールも広く一般に認められるものでなければなりません。

　財務諸表はどんなしくみでできているのかを学ぶのが，**「財務会計論」**です。財務諸表のしくみだけでなく，そのルール（会計基準）も含めて学びます。財務諸表を見る目を養えば，どんな会社であってもその経営状況を容易に理解することができるようになります。

簿記 ＝ テクニック

会計 ＝ 見る目

(3) ルール・チェックと経営者側の視点

　基本的に，どの会社の財務諸表もルールを守って作成することが法律によっても義務づけられています。

　しかし，中には，きちんとルールを守っていなかったり，ルールの理解を誤ったりして，実態とは異なる財務諸表が作成されることがあります。

　そのため，**「会計監査論」**では，「会社の作成する財務諸表がきちんとしたルールに沿っているか」をチェックするために必要な学びがあります。もうけが1,000万円なのに，1億円と偽って世間に見せかける行為，すなわち粉飾を正すための見方を学べます。

　会社経営に必要な経費の代表的なものが，従業員たちに支払う給料です。彼らの労働力が経営を支えていますから当然です。また売るための商品を別の会社から買わなければなりません（これを仕入といいます）。

　ここでの問題は，いかに効率よくもうけを得られるかです。つまり，いかに少ない経費でもうけられるかを誰しも考えるでしょう。このように，経営

者側から会社の経費のあり方や将来に向けた投資について考えるのが,**「管理会計論」**です。

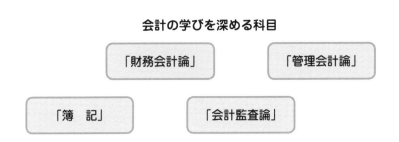

3 会社を見る目がありますか？

(1) 財務諸表を読む力

「ビッグ企業の倒産」という記事を見たことはありませんか。もしあなたが会計の知識を持っていたならば,そんな記事に驚かされることはないでしょう。なぜなら,すでに会社の経営がうまくいかなくなっている兆候が過去の財務諸表に表れているからです。要は,財務諸表を読む力さえあれば,会社の状況は十分読み取ることができます。

将来のプラスアルファを期待して,経営が傾いている会社に投資をするなんてナンセンスです。自ら損をしに行くようなものです。プラスアルファどころか,出したお金すら取り戻せないでしょう。損をすることがわかっていてお金を出してくれる人がいるでしょうか。会社の経営が立ち行かなくなってから,経営者が銀行へお金を借りに行ったとしたら銀行はお金を貸してくれるでしょうか。それと同じです。

会社を取り巻く私たちの社会には,会社の経営が安定するかどうかによって,得をする人や損をする人がたくさんいるのです。これらが,投資家であり,銀行です。労働力を提供する従業員ですら,会社の破たんが失業を意味することを理解しています。

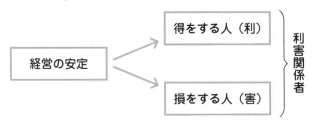

あなたも，いずれは会社の利害関係者です

(2) 説明責任

　会社は大きなビジネスに着手するために，必要な資金を銀行から借りることがあります。もしくはその会社の将来性に期待してお金を出してくれる人（投資家）を募ります。銀行も投資家も会社の経営状況は常に関心ごとです。

　銀行は，貸したお金がきっちり返済されるかが気になりますし，投資家は出したお金以上の見返りを期待しています。当然，従業員も今年のボーナスの行方や会社の将来が気になるところでしょう。

　そこで，会計の出番です。

　会社は，常に会社を取り囲む現実社会の人々とかかわりながら，経営活動を行っています。これは，会社が倒産すれば，損をする人たちがたくさんいることを意味します。

　銀行や投資家もそうですが，誰しも損をしたくないでしょう。だからこそ，会社が自らの経営活動（過去と現在の姿の両方）について社会に説明する義務を負っているのです。

財務諸表は，社会への説明責任を
果たすために公表される

(3) 将来を見通すための知識

　あなた自身，大学を卒業すれば，どこかの会社に就職するか，会社を設立することなどで生計を立てていくと思います。大学4年生として就職志望先を絞り込むとき，就職後の会社でキャリアアップを目指すとき，会社の実態をすぐさま見抜く会計の知識が大いに役立ちます。

　経営に必要な資金を上手にやり繰りできるかが，会社経営の命運を分けます。やり繰りは資金を使わないということではありません。必要であれば使う，必要であればそのタイミングで外部からとってくる，これらは会計の知識があればこそ実現できるのです。

有効に活用するには，さて，どちら？

お金を使って増やす

OR

お金を使わず貯める

ポイント

1. 会計を学ぶとは，どういうことですか？
2. 会社にとって会計は，どのような役割を担うべきでしょうか？

コラム5 ☼ キャリア形成の場

財務部門といえば，キャリアアップの登竜門です

　会計や経理と聞くと，計算ばかりをしているデスクワークのイメージかも知れません。ところが，実際は，各部署の担当者との折衝や経営者らとの会合などにも直接かかわる仕事です。コミュニケーションなくして，仕事は進みません。

会社の資金の使い道（予算）を決める，これが財務部門の最も重要な仕事です

　会社の財務部門にいるとは，会社の中枢にいるのと同じです。経営者に資金の使い道について知恵を授ける金庫番ですから，一目置かれる存在です。国の予算を司る財務省と同じようなものです。

　大学時代に得た会計の知識を最大限に活用し，会社の財務部門でキャリアアップを目指しませんか？

財務部門の仕事 ⇒ キャリアアップの登竜門

6章 情報を学ぶ

いつも自分を磨いておけ
あなたは世界を見るための窓なのだ

ジョージ・バーナード・ショー（George Bernard Shaw, 1856〜1950年）
イギリスの劇作家。代表作『聖女ジョウン』。1925年ノーベル文学賞受賞。

1 情報とは

　この章では，経営学部で学べる代表的な科目群のうち，情報について述べていきます。情報の科目にはどんなものがあるのか，情報をどのように学ぶのか，そして，他の経営や会計などの科目とどのように関連しているのかを説明します。

　経営における情報とは，次のような言葉で表現することができます。

情報とは，会社の経営に生かされるためのデータや資料のことです。

(1) インターネット社会が求めること

　現代はインターネット社会と呼ばれています。個人がいつでも，どこでもインターネットで情報を得られる時代だからです。インターネットはパソコンだけでなく，携帯電話などを通じていとも簡単に利用できます。さまざまな情報があるということです。このような通信と放送の融合が進んでいる世の中を，ブロードバンド時代と表現する人もいます。

　情報というのは上手に活用すれば非常に便利なツールです。料理の美味しいレストランを探すのも，人気のショッピングセンターに行くにも，インターネットで簡単に情報検索できます。

　経営にも同じことがいえます。つまり，会社は経営にかかわるさまざまな情報を集め，分析し，それを経営に生かしています。さまざまな情報を常にデータとして集計しています。

　例えば「商品がいくつ，いくらで売れたのか？」,「今年の終わりに売れ残った商品はいくつあるか？」,「今月何人の来客があったか？」などです。来年以降の商品の売れ行きやもうけについて予測し，少しでも無駄を省くためです。

情報を上手に集め，分析する技術が，会社の経営に求められます。

(2) 利用価値

　もちろん自分の会社だけでなく，消費者の好みや流行・トレンド，ライバル会社の動向なども情報として集める努力を会社は怠りません。一歩でもライバルより先に売れる商品を売り出す，これが経営の鉄則です。

　このように，情報は，経営の次なる手，つまり戦略を練り，また資金を効率的に活用していくための基礎となっていきます。コンピュータ技術の発達により，情報の利用価値がますます高まっています。

　さて，あなたはどうやって情報を活用していきますか？

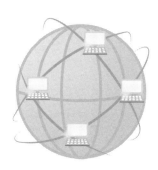

2 情報の学び

(1) 学びの土台

　情報には2種類あります。主に，数値や金額で表されるもの（定量情報）と，文字や性質で表されるもの（定性情報）とがあります。情報を上手に活用するためには，情報技術を学ばなければなりません。情報技術にはコンピュータの操作方法も含まれます。コンピュータや携帯電話の使い方がわからなければ，情報を検索しようとしてもできないからです。

情報にもさまざまあります

　情報を学ぶための基礎的な授業としては,「**ビジネス・プロトコル**」や「**ビジネス・コンピューティング**」といったものがあります。これらは,コンピュータの操作方法を学ぶことを念頭においています。のちにさまざまな情報を収集したり,分析したりする上での準備を整えておきましょう。

情報を学ぶ土台となる授業科目

| 「ビジネス・プロトコル」 | 「ビジネス・コンピューティング」 |

(2) 情報技術の発展

　会社の経営は情報技術の発展とともに成り立ってきました。インターネットの普及が世界的に拡大し,昔は難しかった海外の商品ですら,いとも簡単に手に入るようになっています。コンピュータ技術の発展は,消費者が買い物に出かけなくても商品を買うことができる機会をもたらしました。ワンクリックで物を買えます。また会社はお店を持たなくても,パソコンさえあれば商品を販売できるようになったのです。

　情報学の学者である西垣通氏によれば,21世紀は情報技術の革新があらゆる学問分野についてIT利用を前提とした「情報から出発する思考」へと転

換させつつあるようです。では，会社は新たな情報技術やITをどのように経営に取り入れ，どのように活用してきたのでしょうか。情報のしくみとともに経営情報について学ぶのが**「経営情報論」**です。コンピュータがこれからの社会にどんな影響をもたらすかも関心のあるところです。

(3) 情報を活用する手法

情報を会社経営に上手に活用するには，データを収集するだけではなく，分析するための手法を学ぶことが必要です。

なぜなら，単に情報が集まっただけでは，情報を読み取ることが難しいからです。単なる数字が並んでいるよりも，グラフにするだけで非常に理解しやすくなります。

情報は見栄えも大事

また経営は，基本的に未来へと継続していきます。よって，過去から現在に至る情報をもとに，未来を予測することによって，どのように経営の意思決定をしていくかを合理的に判断していきます。これを**「ビジネス統計」**で学びます。

例えば，顧客が購入した商品に満足しているかについてアンケート調査を行ったとします。得られた結果を男女別や年齢別に集計して，そのちがいを比べるにあたり，分析手法を用いれば，男女別もしくは年齢別に満足度の違いを客観的に証明することができるのです。

「データ解析演習」では，このような分析手法を実際の操作を通じて学びます。**「市場調査演習」**は，消費者のニーズを調査する技術を取扱います。市場調査はその言葉どおり，市場（マーケット）を知るということですから，次章の「マーケティングを学ぶ」と深く関連しています。

情報の学びを深める科目

「経営情報論」　「データ解析演習」

「ビジネス統計」　「市場調査演習」

3 情報の扱い方

(1) 信頼できる情報選び

　情報は生きています。日々変化し，増えていきます。あらゆる情報が簡単に入手できるようになっています。そのため，逆に，情報を利用するとき，どの情報が良い情報か，信憑性が高いのか，判断するのに困ります。

　経営というのは，決断の連続で成り立っています。決断をする土台となる情報かどうか，取捨選択していかなければなりません。いくら迷っても，最終的には，さまざまな情報の中から適切な情報を選んで物事を決めていきます。

　ここで大事なことは，信頼できる情報であるかどうかです。経営活動において重要な決断をするとき，経営者が利用する情報の信頼性が高くなければ，近い将来会社の経営に支障をきたすことになります。もちろん個人の生活でも信頼できる情報かどうか見極める目を持つことが大切です。

(2) コンピュータの罠

　コンピュータを上手に操作できる人が，情報を上手に活用できると思っているとしたら，それは大きな誤解です。このようなコンピュータの罠に陥っている人は意外に多いです。コンピュータの操作に求められるのは，テクニックです。操作さえ覚えてしまえば，あとは作業の繰り返しです。

　しかし，いざ情報を集めようとするとどうしていいのかわからなくなって

しまう人を見かけます。コンピュータソフトを使いこなせるのにもかかわらず，なぜこういうことが起きるのでしょうか。どんな情報を集めなければならないのか，どの情報に利用価値があるのか，などといった判断や選択ができないのです。判断力と技術力とはまったくちがうのです。いま経営に求められている情報が何かを理解し，最小限の時間で集め，その情報を使って経営計画を作成できる人になってください。

タッチ入力は技術

情報選びは判断力

(3) 情報に対するモラル

　残念なことに，ありもしない情報を故意に作り上げる会社の事例が後を絶ちません。これが，粉飾と呼ばれるものです。会社の経営状況を世の人々に知らせるはずの財務諸表が，実はウソの情報だったとすればどうなるでしょうか。

　それを信じて投資をする人やお金を貸す銀行などはたまったものではありません。経営者が行った良くない意思決定によって，従業員も自分たちの将来が危うくなってしまいます。粉飾が社会に明るみに出た途端，ルールに違反した会社の経営が傾くからです。これは，情報を作成する側のモラルの問題です。

　情報を利用する側にもモラルが求められます。インターネット上で誰かがアップした情報を利用するとき，モラルを持っていれば何の問題もありませ

ん。要は,誰の情報か,どこから入手したのかなどをきちんと示せているかどうかです。

　情報が簡単に入手できるほど,情報を作成する側,利用する側いずれの立場も,モラルを持つ重要性は高まっているのです。

情報利用のモラルを持ちましょう！

ポイント

1. 情報を学ぶとは,どういうことですか？
2. 会社にとって情報は,どのような役割を担うべきでしょうか？

コラム6 ☼ 情報戦略ありきの経営

情報を上手に使いこなす会社が，ますます成長する時代

　今やインターネットの普及率は，全人口の約80％に及んでいます。60％以上の人々が自宅にいるときも外出しているときも最低1日1回はインターネットを使っています。20代〜50代のインターネット利用の主な目的は次のとおりです。

- ホームページやブログの閲覧
- メールの送受信
- 商品やサービスの購入

　　　　　　　　　　　　出所：総務省「平成24年通信利用動向調査」

　このような現象を会社経営の立場からみれば，当然ビジネスチャンスと理解します。パソコンやスマートフォンで消費する世代が今後もますます増えるでしょう。確実に情報化社会は商品販売のスタイルに変革をもたらしています。

店頭で商品を売るだけでは会社の成長は見込めません

　パソコンやスマートフォンを見る消費者に対して，後はどうやって商品をPRしていくか，商品を買いやすくするかがポイントです。その対応が少しでも遅れれば，厳しい競争社会で会社が生き残れる時代ではなくなっているのです。まさに情報を戦略として使う時代です。

　　　　　　　情報戦略　⇒　経営者の腕の見せ所

7章 マーケティングを学ぶ

アイデアは好奇心から生まれる

ウォルト・ディズニー(Walt Disney, 1901〜1966年)。
アメリカの映画製作者,監督。ディズニー創業者。

1 マーケティングとは

　この章では,経営学部で学べる代表的な科目群のうち,マーケティングについて述べていきます。マーケティングの科目にはどんなものがあるのか,マーケティングをどのように学ぶのか,そして,他の経営や会計,情報などの科目とどのように関連しているのかを説明します。

　経営におけるマーケティングとは,次のような言葉で表現することができます。

　マーケティングとは,消費者ニーズにあう商品・サービスを売るしくみづくりです。

(1) 動く市場

　動く市場,これがマーケティングです。マーケット (Market) は市場を意味し,マーケットに ing を付けた言葉と考えるとわかりやすいでしょう。会社の経営は,動く市場でどうやって生き残るのかを常に念頭に置き,その中で利益をいかに上げていくのかが問われています。ちなみに,フィリップ・コトラーという有名なマーケティングの先生は,「マーケティング・マネジメント」という言葉を用いて,マーケティングを生かした経営の重要性を述べています。

マーケティングの言葉 = マーケット (市場) は生きている

(2) マーケットを知り, 活用する

　では, 会社が商品を売るためにどのようなしくみを整えればいいのでしょうか。それを考えるのが, マーケティングの学問です。先の章で述べたように, インターネットの普及が, 商品の販売スタイルを大きく変えました。パソコンはもちろん, 携帯電話でワンクリックをするだけで, 簡単に消費者が欲しい物を手に入れられる時代です。

　消費者の好みや購入欲は日々変化します。それゆえ, 消費者の好みがどのように動くのかを経営者は注意深く見ていく必要があります。今月の人気商品が来月にはもう人気がなくなったなんて事例はよくあります。

　オールドファッションになってしまった商品は倉庫に山積みのまま, この先売れる見込みがありません。このような商品は, 会社にとって何の価値も生み出しません。むしろ, 損失だけが残ります。

**　　マーケットを知り, 経営に活用する, これがマーケティングです。**

　市場で今どのような商品が求められているのかを把握し, これから先を予測することが会社経営に求められています。消費者で流行しているもの, トレンドは何かを調査し, 結果を綿密に分析し, いかに経営に生かしていくかがポイントです。

　要は, どのような消費者を対象に商品を売ればいいのかです。この課題には, 性別や年齢別, 地域別といった対象を絞り込むことができます。販売目標をどこに絞るのか, これがターゲティングです。また消費者に対して消費しやすい環境を提案していくのもマーケティングの醍醐味です。

マーケティングはまず
ターゲティングから

2 マーケティングの学び

(1) 学びの土台

　マーケティングを学ぶとき，マーケット（市場）に関する知識は必須です。マーケットは，売り手と買い手の2者が登場します。ここでは，売り手である会社や個人はいかに買い手である消費者を買う気にさせるかがテーマです。

　マーケットが成立するのは，あくまで消費者が何かを欲しいと思う欲求（ニーズ，需要ともいいます）があってこそ，商品やサービスを提供するという行為，供給があるのです。

　マーケティングを学ぶための基礎的な授業としては**「マーケティング入門」**や**「マーケティング論」**といったものがあります。これらは，マーケットに関する基本的な知識やこれまでどのようにマーケティングの考え方が発展してきたかを学びます。

　マーケティングという理論はアメリカで生まれ，日本に導入されたのはつい50年ほど前です。しかし，今や会社経営におけるマーケティングは各社こぞって力を入れている分野です。

マーケティングを学ぶ土台となる授業科目

「マーケティング入門」	「マーケティング論」

(2) まずはニーズの理解から

　会社は消費者がどんなものを欲しがっているか，消費者の心理や需要の動向を探り，予測します。その予測をもとに，消費者の購買意欲を掻き立て

る商品を生み出そうと，会社は日夜努力しています。

　このような予測をするには，まず消費者の行動パターンを理解し，ニーズを調査することから始めます。マーケット（の先）を読むために，きっちりした客観的な基礎となるデータが必要なのです。**「マーケティング・リサーチ」**はマーケット調査のための有効なマーケティングの手法を学ぶ授業です。調査には，コンピュータ技術が生かされます。

(3) 戦略を練る

　マーケットの調査結果を分析した結果，会社独自の対応方法を検討します。その際，次のようなことを決めなければなりません。商品はどの地域や国に向けて売り出すのか，ターゲットとする年齢層は？価格をいくらに設定するか？どのように広告宣伝を展開するか？などです。

　「マーケティング戦略論」では，消費者を買う気にさせるという目標に向かって，会社が生み出すアイデアや行動計画を扱います。どんな商品やブランドがなぜ売れているのか？や，どうすれば売れるか？のしくみを考えるのもマーケティング活動の大事な要素です。

　勝負に勝ち負けがあるように，消費者ニーズにあった販売体制をいかに整えていけるかという戦略やアイデアの良し悪しが，熾烈な販売競争を勝ち抜けるかどうかのターニングポイントです。

競争社会に勝ち残るために，さあどんなアイデア・戦略でのぞみますか？

(4) グローバルな活躍

近年日本のマーケットは縮小し続けています。長い間にわたる経済不況が要因で国内需要は冷え込んでいるといえます。消費者にいくら購買意欲があっても、給料が横ばいでは積極的に商品を買うという決断にはなかなかならないからです。横ばいならまだいい方です。実質的に給料が下がっている会社もあるのが実情です。

そこで、会社の目はおのずと海外に向けられます。海外で商品を売ろうとするとき、国際マーケット（海外市場）向けのしくみづくりが欠かせません。海外では日本国内の物の売り方が通用するとはかぎりませんし、趣味や嗜好もそれぞれ国によって独特のものがあります。

商慣習や文化、嗜好の違いなどを理解して商品をPRしなければ、海外の消費者を納得させることはできないでしょう。**「国際マーケティング論」**は、このような国際的な視点で学びを深めます。

海外に目を向けましょう
なぜなら需要は国内だけではないのです

マーケティングの学びを深める科目

「マーケティング戦略論」　　「国際マーケティング論」

「マーケティング論」　　「マーケティング論」

3 マーケティングの基本

(1) 有効な価格設定

　消費者が商品を購入するとき，ただ単に安いからといって商品を選ぶでしょうか。アパレル業界でグローバル市場を席巻するような低価格商品を主に展開する会社もあります。

　商品の価格設定は会社にとって常に悩みの種です。いくらで商品を売り出せば消費者が支払ってもよいと思う価格とマッチするのか，ここは非常に大事な経営判断を伴います。1,000円と999円，この1円差が商品の売れ行きに直結するからです。

　現在のマーケットで同じような製品がすでに売られているとしたら，そのライバル会社の価格を基準に価格設定をできるよう，製造コストを安くする努力をします。同じ機能の付いたカメラが2つあるとして，少しでも安い方を消費者が選択してくれることを想定しています。

(2) ブランドやイメージの持つ力

　では，実際同じ機能の付いた異なるメーカーのカメラを目にした消費者が，安い方を手にとってくれるでしょうか。実は，そうとは言い切れないのです。消費者心理に影響するのは，価格だけでなく，ブランド力もあるからです。

　A社はカメラメーカーで世界第一位，B社はカメラメーカーとしては二番手だとしたら，さて消費者はどちらのカメラを選ぶでしょうか。

　A社のカメラとB社のカメラの価格差が5,000円あるとしても，消費者は一流ブランドという名のもとにA社のカメラを買おうとするかも知れません。なぜなら，A社のブランド力がカメラの品質に対する安心感を消費者に与えているからです。

B社のカメラがA社より遅れて売り出されたのであれば余計，B社は価格差を大きくして消費者が得をしたと思える価格設定をする必要があるでしょう。逆に，高くてもA社を選ぶ消費者がいるという現実が，会社のイメージアップや商品のブランド力向上がいかに大事かを物語っています。

的を絞って矢を放てますか？

ポイント

1. マーケティングを学ぶとは，どういうことですか？

2. 会社にとってマーケティングは，どのような役割を担うべきでしょうか？

コラム7 ☀ ブランドは生み出すもの

マーケティングの成功は，生み出されたブランドでわかる

　100円ショップのお店は今やどこにでもあります。私たちの日常に「100円均一」という言葉は定着しています。これですら，一種のブランドです。不況時代に経営者が生み出した苦肉の戦略なのです。

いかに消費が低迷しているからといっても，100円なら売れる

　100円ならまあいいか……という消費者心理をうまく突いた戦略でした。結果，消費者の財布のひもは緩み，爆発的に100円ショップは全国展開を成し遂げました。この場合売値が100円ですから，1個当たりのもうけはごくわずかです。数をたくさん売ればよいという，薄利多売の典型例です。

　逆に，ブランド力，良いイメージさえあれば，高くても商品は売れます。例えば，地球環境に配慮した商品は一般商品と比べて割高ですが，それでも消費者は手にとります。高級ブランドメーカーの時計なら，貯金をしてでも買う人がいるのです。
　ブランドやイメージというのは，会社や商品に対する消費者の信頼性の証です。当然商品1個あるいは1台当たりのもうけは大きくなり，効率的な経営ができるのです。

　　　　　良いブランド，良いイメージ　⇒　効率的な経営

8章 関連する学び

次にどんな夢を描けるか
　　それがいつも重要だ

スティーブ・ジョブズ（Steven Paul Jobs，1955〜2011年）。
アメリカの実業家。アップル社の共同創業者，元会長。

1 これまでの学びのステップ

　経営学部では，学べる代表的な科目群を取り囲むように，かかわりが深い学問がいくつもあります。経営，会計，情報，マーケティングという代表的な科目群が学びの柱となるわけですが，それだけでは会社の経営やビジネスを十分理解したとはいえません。

　学びは家を建てるのと同じステップを踏むからです。

　つまり，代表科目群の学びを一通り終わった段階というのは，家の外観ができたに過ぎないのです。頑丈な土台，柱や屋根が設置されただけでは，まだ人が住める状態ではないからです。

　家を建てるステップは，私たちの学びと非常に似ています。そのステップで学びの始まりから，ゴールまでの道のりを見ていきましょう。

　頑丈な土台や柱ができ，一通り家の外観ができてくれば，次は内装の工事にかかります。どんな色の壁紙を張るのか，どんなキッチンにしようか，どんな間取りの部屋にするのかといった，外からは見えない自分オリジナルのアイデアを新しくできる家にイメージし，工事業者に依頼します。それが，代表科目の4つを学ぶということです。

　あなたの学びの道のりは，すでに折り返し地点に来ています。代表科目群の学び方をこれまでの章で学んだあとは，「自ら考え，行動する」というポリシーに基づいて主専攻科目を決め，深く掘り下げていきましょう。

8章
関連する学び

学びは家を建てるのと同じです!!

◎家を建てるステップ※（　）は学びのステップ◎

| （1）設計する　　　　　　（時間割の作成） |

| （2）基礎工事が始まる　　（1年生の学び） |

| （3）外観が完成する　　　（代表科目群の学び） |

| （4）内装工事に着手する　（専攻科目を深める） |

| （5）外装工事を行う　　　（関連科目を知る） |

| （6）家の完成!!　　　　　（一流の経営学部生!!） |

あなたの学びの最終地点
（＝一流の経営学部生）　＝　努力の結果，
を目指してスタート!!　　　めでたく家の完成です!!

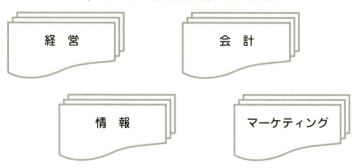

本章はその助けとなるためにあります。立派な経営者になるために，キャリアアップをするために，会社の経営やビジネスを何がどんな風に取り巻いているのかを知っておくことは，知識を広げる上でかなり役に立ちます。

他の経営学部生と自らの知識に差をつけるチャンスがこの学びにあります。経営学部で代表科目群を取り巻く科目として用意されているのが，経済学，法学，社会学という学問領域です。

2 経済学の学び

それでは，中心的な科目ではなく，経営やビジネスを取り巻きながら，密接な関連がある学びにはどんな科目があるのか，どのように経営とかかわっているかを説明します。まずは，経済学です。

(1) 消費者と会社

経営学部と同じように，大学の多くは経済学部という学部を設けています。経済学部の代表科目が経済学という訳です。では，この経済学ですが，いったい経営やビジネスとどうかかわっているのでしょうか。

経済とは，「お金」，「モノ」，「サービス」の流れのことです。私たちのような個人も，会社もこれらの流れに大きくかかわっています。現代社会では，消費者が重要な役割を果たします。私たちが消費をすることで，成り立っているからです。

消費者が何か商品やサービスを得るためにお金を支払う，まさに，消費という行為が前提で世の中がまわっているのです。

では，会社はどうでしょうか。消費者が消費したいと思っても，お金を払って手に入れたい商品やサービスがなければ，何も始まりません。消費社会において会社は，消費者が欲しいと思うニーズにあわせて，商品やサービスを提供する重要な役割を担っています。

このように，消費者と会社は経済になくてはならないのです。このような存在を，**経済主体**とよびます。

(2) 国や地域

経済主体（経済におけるプレーヤー）には，金融機関，投資家，消費者，生産者，個人，国などさまざまなグループや団体が含まれます。もうけを営みの目的としない組織や団体，私たちの住む町や国もれっきとした経済主体です。個人や会社の営みには，町や国の存在も欠かせません。

「経済学」の授業では，経済のしくみや考え方の基礎を学ぶことができるでしょう。会社が海外でビジネスを始めるとき，その国のしくみがどうなっているのかを知ることが先決でしょう。つまり，経済学という学びは，世界規模に存在するしくみ，組織などを取り扱います。

また，私たちが日々の暮らしで使うお金はどのようなしくみで流通しているのかを学ぶのに**「金融論」**という授業があります。いまアメリカはどんな経済状況なのでしょうか。日本と比べてどうなのでしょうか。

国も当然運営するお金がなければ，会社と同じように破たんします。数年前からギリシアは深刻な財政危機にありますが，他国からの資金援助でとりあえず事なきを得ました。そのような事例は**「国際経済学」**や**「財政学」**という授業で学べるでしょう。

3 法学の学び

(1) ビジネスを守る

　会社や個人はビジネスでつながっています。お互いそのビジネスには守らなければならないルールがあります。逆にいえば，ルールが守られているからこそ，私たちは安心して商品を購入し，会社はビジネスを営めるのです。

　それは，ビジネスがすべて法という秩序のもとにあるからです。ビジネスやビジネスを司る会社などが守るべきルールは**「商法」「会社法」**で学ぶことができるでしょう。国同士が守らなければならないルールは**「国際法」**という授業で取り扱います。

　税金を納めるのは国民の義務です。税金に関するルールもさまざまです。例えば，**「所得税法」「法人税法」「消費税法」**などは税金の法律を学ぶ授業です。

法律は縁の下の力持ち

(2) 法は世の番人

　法律が設けられているのは，ビジネスの世界だけではありません。ありとあらゆる行為，それにかかわる人々，組織，権利などを守るため，法律はあります。日々のくらしの中で法律に直接かかわらずに済むこともあり，法律の存在を意識しないで過ごしている人も珍しくはないと思います。

　経営学部で学ぶにあたり，法律を知ることは，困ったときに備えるつもり

でのぞんでください。つまり，リスクを回避するということです。ルールがあらゆる場面で守られていれば問題ないですが，実はビジネス上もルールを守らない人や会社は残念ながらあります。

いくらこれまで問題がなかったからといって，ハプニングや難しい問題がこれから先起きないかというとそうとはかぎらないのです。何かのタイミングで悪意のある，ルールを違反したビジネスに出会うことがあるかもしれません。

4 社会学の学び

(1) ビジネスと社会貢献

社会とは，普段私たちが暮らしている環境のようなものです。ごく身近に起きるようなこと，友達とのコミュニケーションや学校に通う，家族とのつながりといったことが，私たちの消費ニーズやビジネスに大きな影響を与えます。会社は社会貢献を通じて個人や社会に意味のある，役に立つ活動やサービスに取り組んでいます。

最近では，社会的責任（CSR）という言葉のとおり，会社が社会に存在する以上，社会に対して責任を果たすべきと理解されることもあります。さまざまな会社は，一般の人々，団体を工場見学として受け入れています。これも一種の社会貢献です。社会の一員として，会社が広くその存在を知ってもらい，またビジネスに生かしていくというあり方です。

  個人も会社も，社会の一員です

(2) 社会に根ざすための考え方

「**社会学**」は現代社会に根ざすさまざまな問題や要因について取り上げる学問です。社会が私たちにいったい何をもたらしてくれるのか，いま社会で問題になっているのはどんなことか，また私たちや会社などの組織がいったい社会に対して何ができるのかといったことを考えていきます。

少子化や若者の失業問題，環境汚染の問題などは，まさに日本の抱える社会問題です。会社は社会に所属する一員です。個人もまたそうです。だからこそ「**環境社会学**」や「**地域社会学**」を学ぶ意義があります。社会問題に対して会社はどのように対応していけばいいのか，ビジネスはどうあるべきかを考えることができます。

これらの授業科目が経営学部の中で見つけられなければ，同じ大学の他の学部の時間割を見てみましょう。

5 学びを深める

経営学部に入学して以来学びを続けたあなたは，すでに経営に関する学びを相当理解してきたと思います。そして，経営というのは，さまざまな環境があってこそ成り立っていることも知ったでしょう。会社だけでビジネスは成立しませんね。個人（消費者）だけでもビジネスは成り立ちません。ビジネスを支える環境である，経済，法，社会があってのビジネスだということをぜひ知っておいてください。

あらゆる学問にいえることですが，学問は1つだけ掘り下げればそれでよしというものではありません。経営に，経済，法，社会が大きく，実は密接に（目に見えにくいので普段は気にしていませんが）かかわっているように，医学などの場合も，社会と大きくかかわり，ビジネスとしての顔もあります。病院経営はまさに良い例でしょう。医学とビジネスという学問の領域をオーバーラップしています。

学びは必ずどこかでつながっています。これさえ知っていれば，あなたの

知識は大いに広がるでしょう。

学びに境界なし！

> ポイント
>
> **1.** 経営に関連する学びには，どのような学問がありますか？
> **2.** また 1. の学問は経営とどのようにかかわっていますか？

コラム8 ☼ 新聞のマジック

新聞には，さまざまな学びが用意されている

　電車で新聞を読む人の光景，最近あまり見かけなくなったと思いませんか？インターネットの普及でその日に起きた出来事や事件すら，携帯電話やパソコンで見ることができるためです。

デジタル時代に対応する，これも新聞ビジネスが社会に適合した例です

　一軒ごとに月単位で新聞を定期購読する家庭がほとんどでした。今や，新聞社各社もこのようなデジタル時代に適応して，ウェブ版とよばれるウェブ上で新聞を読むという商品を提供するようになっています。
　これも情報技術の発展が生み出した1つの社会現象でしょう。
　ところが，紙でできた従来の新聞には，ウェブ版にはない，情報の活用方法があります。
　それぞれ中心的テーマが「経済面」「社会面」「経営（企業）面」「国際面」といった形で一堂に会しています。教員は学問別にいますが，新聞は多くの分野を一手にとり扱っています。
　一冊の紙の束で手に入るからこそ，小さい重要な記事も見逃さないのです。

紙でできた新聞 ⇒ さまざまな学問の扉から小さい記事もキャッチ！

9章 レポートの書き方

未来を自分で作ること
　　これが未来を予測する
　　　　もっとも簡単な方法なのだ

アラン・カーティス・ケイ（Alan Curtis Kay, 1940年〜）
アメリカの科学者。パーソナルコンピュータの父と呼ばれる。

1 レポートとは？

(1) 報告手段

　たくさんの学びを深めた私たちの前には，授業でとったノートやルーズリーフが増えてきました。ちょうどその頃，ある授業の先生からレポート課題が出されました。

　このレポートというのは，大学における授業課題の1つの典型例です。あなたの授業評価を決める上で大事な課題です。決められた期限までに提出されなければ，せっかくあなたが授業内容を理解していても，レポートによってあなたの理解度を先生に知ってもらうチャンスを逃すことになります。

　　レポートとは，テーマについて調べ，報告する手段です。

　いわばレポートは，あなたの授業への取り組み姿勢や知識の向上を把握するための課題です。では，良いレポートを書くためには，何をどうすればいいのでしょうか。1年生にとってまず問いたい質問でしょう。

　ビジネスの世界では，レポートが常に求められます。経営学部の学生としてビジネスで求められるレポートを作成する能力を養っておきましょう。

(2) レポートの特徴

　レポート（report）という言葉は，「〜を報告する」という意味からできています。ビジネスで求められるレポートには，さまざまなものがあります。

　今日一日どんな顧客を訪問したのか，その顧客とのビジネスはうまくいきそうかといった日誌のようなものを上司に報告する，この報告のために作った資料がレポートです。

　また1億円の投資ビジネスを新たに検討している個人企業の経営者は，1億円投資したとして，将来もうかるのかを社員に命じて資料を作らせます。

経営者は,投資に見合った効果があるのか(投資対効果)どうかを知りたいと思っています。

社員が作成し,提出する資料もレポートです。社員は多くの情報と分析を駆使してまとめた結果を,経営者に報告するのです。このように,レポートには4つの特徴があります。

- 決められたテーマがある
- 相手がいる
- 情報を収集し,分析している
- 意思決定(評価も含む)に役立つ

(3) レポートのちがい

この4つの特徴を用いて,レポートのちがいを考えてみましょう。次の表をみてください。

食品メーカーの営業マン	レポートの特徴	個人企業の社員
一日の仕事内容	決められたテーマ	1億円投資プロジェクトの投資対効果
上　司	相　手	経営者
訪問した顧客の情報,ビジネスの進捗状況	情報収集・分析	プロジェクトの詳しい内容,将来に期待される効果
上司(顧客の重要度を判断)	意思決定	経営者(投資プロジェクトの可否)

ある営業マンのレポートは上司に提出されますし，個人企業の社員によってレポートが提出される先は経営者です。どちらのケースもレポートには相手がいます。また営業マンには「一日の仕事内容について」というテーマがあります。社員には，「投資プロジェクトに関すること」というテーマが与えられています。

　営業マンにしろ，社員にしろ，テーマについて述べるとき，頭の中で考えるのではなく，まずきっちり情報収集することが必要です。ただ感覚的に「こんな感じ」とか「理由はないけどそう思う」という報告をすることは，後々上司に報告した内容が実際とズレてしまうかもしれません。

　ビジネスにおける解釈のズレは，時間をおくと次第に大きくなっていきます。そして，最終的に会社に莫大な損失を生み出すことになります。レポートの役割は，会社経営に欠かせない生の情報を正しくキャッチし，経営の意思決定に生かすためにあるのです。

レポートの役割
- 一刻も早く正しく情報をキャッチする
- 現状を正しく理解する

2 レポート作成

それでは，レポートを作成する方法やテクニックについて述べていきます。すでに述べたレポートの特徴（次のとおり）を切り口に使っていきます。まずは，レポートのテーマからです。

- 決められたテーマがある
- 相手がいる
- 情報を収集し，分析されている
- 意思決定（評価も含む）に役立つ

(1) テーマ

レポートのテーマは常に決まっています。言い換えれば，テーマのないレポートはありません。授業で出されるレポートのテーマを決めるのは，通常授業を担当する教員です。テーマについて，レポートに取り掛かる前に，まず考えてほしいことがあります。それは，「テーマに対する理解」です。

- テーマが何を意味しているのか
- レポートで何が求められているのか

（テーマを正しく理解しましょう。）

ここをあやふやにしたまま，もしくは，よく理解しないままに漫然と作業に取り掛かる学生がいます。この結果，完成したレポートはテーマに合わないか，内容がズレてしまうことになります。

せっかくの努力が認められなくなると，時間と労力の無駄遣いです。ぜひ今一度，事を始める前に，テーマに対する理解を深めましょう。

多くの場合，あらかじめテーマは決められていますが，まれにテーマをレポート作成者が決めるときがあります。これは，ビジネスでいう「新たな提

案」を求められたときです。自分のビジネスアイデアや発見をレポートのテーマとして設定し，形にしていきます。

アイデア，発見を形にする　⇒　レポート

普段アイデアを持たない人にとっては，テーマ設定自体非常に難しいことです。決められたことや与えられたことだけをこなすので精一杯の人がほとんどでしょう。だからこそ，この提案型レポートが会社において素晴らしい評価を受ければ，あなた自身のキャリアアップは間違いなしです。

(2) 誰に対して（相手がいる）

　レポートは一般的に誰へ向けて作成するのかが，決まっています。授業課題としてのレポートが教員宛であるように，先の例であったビジネスマンは上司宛に，中小会社の部下は経営者宛にといった具合です。ここで良いレポートを作成するのに気をつけたいポイントは，次のとおりです。

- 表紙をつける（テーマ，提出日，作成者の氏名や所属を記す）
- 決して友達言葉や会話口調を使わない

レポートの顔です!!

まずレポートを受け取ってもらう相手の気持ちになってください。上司や経営者がどれだけの仕事をしているか，あなたは知っていますか。教員がどれだけの学生を相手にしているか考えたことがありますか。

　そうです。受け取る相手の気持ちになるとは，まずその「レポートの顔」がよく見えるようにという意味です。誰かと話すとき，顔が見えない相手と話をするでしょうか。お互い顔を見ながら話をするのが普通でしょう。

　レポートにも相手にわかる「顔」を付けてください。受け取る相手が上司であれ，経営者であれ，誰のものか，またテーマが何かが示されていないレポートを受け取っても，読んでみたいという気持ちにならないのです。

　まず相手の人に読んでもらうための気持ちの整理をつけてもらう，これこそが「レポートの顔」である表紙の効果です。見た目も大事なのです。

まずは表紙づくりから……

　そして，レポートを書く際には，あなたが普段使っている言葉を使わないようにしましょう。では，丁寧な言葉で書けばいいのかというと，そうではありません。レポート特有の言い回しがあります。心配無用です。次のとおり置き換えるだけでいいのです。

　レポートは誰が読むにしろ，「提出」という行為によって公式な文書として取り扱われます。話し言葉や丁寧語で書かれたレポートであれば，いくらたくさんの情報からできていたとしても，受け取った相手は良い印象を与えま

せん。

　そこで，レポートの言い回しに慣れましょう。次のような表現を覚えておくと便利です。文章を締めくくるとき，これらの表現を使えばスムーズにいくでしょう。

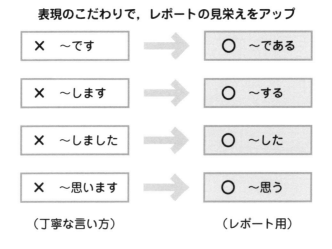

3 情報収集・分析

　さてこれまでは，レポートを書くための準備や心構えでした。それらができている前提で，レポートの出来栄えを左右するのは，情報収集・分析の程度です。正しく理解したテーマに沿って，いったいどれだけ関連する情報を収集し，分析したのかが，レポート評価を決めるのです。

(1) 情報収集の方法

　情報収集には，次のようにさまざまな方法があります。

①インターネット

　今やデジタル時代といわれ，いつでも，どこでもあらゆる情報がインターネットを通じて検索できます。インターネットというせっかく便利な方法があるのですから，使わない手はありません。

　経営学部の学生がレポートを作成するのに，便利な検索サイトを以下に示しておきます。最近ウェブサイト上で「サイト内検索」ができるサイトが増えてきています。「サイト内検索」の横にある白いボックスに，キーワードを入れれば，サイトで関連する記事や情報を探しやすくなっています。

ビジネス情報検索サイトの例

- 会社のウェブサイト（特に，投資家情報，IR情報などで公表される情報）
- 官公庁のウェブサイト（経済産業省，金融庁，総務省など）
- Yahoo!やGoogleなど検索エンジン（特に，ファイナンス，企業情報など）

〈会社のウェブサイト〉

　さまざまな会社の情報は会社オリジナルのウェブサイトに生の情報がアップされています。特に，会社の経営成績や財政状況などの情報を知りたいときには，ウェブサイト内の「投資家情報」や「IR情報」を見ると便利です。会社の歴史やビジネスの内容，資金繰りや利益に関する財務情報が過去から最新に至るデータまで取り出せます。

〈官公庁のウェブサイト〉

　官公庁のウェブサイトでは，会社を取り巻く経済環境やルールに関する情報を集めることができます。中には，すでに詳細な情報を集めた上で，分析が施された結果がグラフや表でアップされています。それを，うまくレポートに活用すれば，自分で一からグラフを作る手間が省けそうです。

　これらの情報検索サイトは，誰が書いたのかという情報作成者がはっきりしています。情報サイト自体が，会社や官公庁の運営によるからです。注意が必要なのは，情報検索エンジンを使って情報を見た場合です。

　インターネット上で得られる情報の中には，誰が書いたのかわからないものが含まれています。情報作成者が特定されていない情報は，信頼性に乏しいので，レポート作成には向きません。

情報の利用に気をつけてください

②本や雑誌

　大学や地域の図書館をぜひ活用してください。なぜなら，インターネット上では新しい情報が手に入りやすいのですが，本や雑誌でしか得られないこともあるからです。例えば，情報を裏づける（有名な先生の唱える）理論や考え方です。

　このような理論や考え方は，専門家が長い時間をかけて検討してきたものです。それゆえあなたがレポート作成において自分の考えや主張を裏づけるためにも，ぜひ参考にするべきです。レポートの完成度がよりアップします。

　文献を大学や地域の図書館で検索して，その中から情報を活用するとき，次のようなことをレポートの末尾に記載するようにしましょう。

- 本や雑誌のタイトル
- 著者名
- 発刊された年（雑誌は巻号も）
- 出版社
- ページ番号

③新聞記事，資料

　新聞記事の検索には，新聞社のウェブサイトや大学の図書館からアクセスできる新聞社のサイトエンジンを利用するとよいでしょう。新聞記事が最新の情報を提供していることは，誰でも知っています。新聞記事を使ったり，参考にしたりする場合は，何月何日付の記事かを示しておいてください。国や地方自治体，会社などが作成して無料で入手可能な資料を活用するのもよいでしょう。

(2) 分析の方法

　分析はレポート最大の山場です。これがうまくいけば，あなた自身のレポートは，すこぶる出来栄えのよい完成度になるのです。逆に，分析に手を

抜いてしまうと，いまいちの出来栄えになってしまいます。分析はレポートの成功を決める重要なバロメーターです。

では，その分析ですが，難しそうに聞こえる人もいます。また分析を誤解している人もいます。何も恐れることはありません。これまで調べてきた情報をまとめ，まとめた結果によって何がいえるのか，あなたの考えを述べればいいのです。

「自身で考え，行動する」，これがレポートにも求められています。

収集した情報を表やグラフにまとめて，考えやすくする方法もあるでしょう。また，分析というぐらいですから，文章だけでまとめるだけでなく，エクセルなどの統計ソフトなどを用いて情報を検証する人もいるでしょう。

そして，最後にあなた自身の見解や主張を示すことが最も大事な点です。レポートの独創性がここで与えられるのです。きっちりと調べられた，集められた情報に基づいて，あなたが意見を述べることこそが，レポートの醍醐味です。

レポートの価値は，情報に基づいたオリジナルな見解やアイデアで決まります。

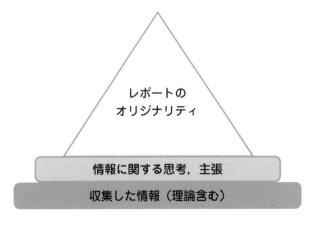

4 レポートの潜在能力

　レポートを作成する能力は日々の積み重ねで養うことができます。知識の積み重ねなくして、優秀なレポートは作れません。でも、ビジネスではレポートを作成する能力が日常的に求められます。

　だからこそ、社会に出る前の準備期間として、大学の学びには4年間という期間があります。最終的に、私たちが4年間を通じて良く学び、深い研鑽を積んだどうかは、卒業論文という形で残るしくみになっています。

　経営学部でビジネスや会社の経営に関して学びを深めていけば、卒業論文を書くことがいとも簡単に思えるかもしれません。大学を卒業し、ビジネス社会に飛び込んだとき、「レポート」や「提案書」という言葉を聞いても決して恐れないでください。

　余裕のある態度でのぞめることが、どんなにあなたにとってプラスになるでしょう。むしろ「ぜひ私に任せてください」と上司に言い切ってしまう、そんなデキル人を目指してください。

ビジネスでのレポートには
終わりがない

ポイント

1. レポートは、どのような役割がありますか？
2. レポートの特徴には、どのようなものがありますか？
3. 情報収集の方法には、どのようなものがありますか？

コラム9 ✳ ホウ・レン・ソウ

「ホウレンソウ」できる人が，ビジネスで生き残れる。

　友人から「あれ，どうなった？」と聞かれた経験はありませんか？
　これは，すでにあなたが友人に話をしたか，相談したことについての問いかけです。この問いに遭遇した人は，きちんと「ホウレンソウ」ができていませんね。

ホウレンソウとは，ホウ（報告）・レン（連絡）・ソウ（相談）をいう

　友人はあなたから相談された出来事や問題について，ずっと心配してくれていました。でも，あなたは相談した問題が解決したり，出来事がすんなり終わってしまったりした途端，友人に相談したことすら忘れてしまっていたのです。

　　　ホウレンソウがなかったら，ビジネスはどうなるでしょうか？

　ビジネスにも報告は欠かせません。
　ビジネスで生じたさまざまな事柄やハプニングに対して臨機応変に対応できないからです。何が起きているのか，その後どうなっているのか，結果はどうだったのかを常にコミュニケーションをとり，チームワークで問題を解決します。ビジネス上のチームワークに，ホウレンソウのできない人は不要です。

ビジネスのチームワークに必要なもの　⇒　ホウレンソウによる信頼感

10章 プレゼンテーションの手法

われわれを助けてくれるのは
友人の援助そのものというよりは
友人の援助があるという確信である

エピクロス（Epikouros, 紀元前341〜270年）
古代ギリシャの哲学者。

1 プレゼンテーションとは？

　授業では，学んだことをみんなの前で発表する機会があります。これが，**プレゼンテーション**です。普段は大声で話をしている人も，いざ人前で話をするとなると，かなり緊張してしまうケースはよくあります。

　もしかしたら，その人はプレゼンテーションをとても難しいことと理解しているかも知れません。でも，それは違います。手法さえ習得していれば，誰でもできるからです。

　プレゼンテーションとは，何かを伝える動作です。

（1）コミュニケーション・ツール

　プレゼンテーション（presentation）という言葉は，「第三者に伝える」という意味が含まれています。英語のプレゼンテーションを辞書で調べると，「発表」や「提出」，また「表現」という訳語が出てきます。

　プレゼンテーションを行う側（プレゼンター）が相手に何かを伝えるために行動を起こし，伝えるという行為が，まさにプレゼンテーションです。

　自分の知識や考え・主張を多くの人々に伝えることは非常に大事です。他人に自分をわかってもらったり，お互い打ち解けたりする上で，プレゼンテーションはかなり威力を発揮します。

　多くのプレゼンテーションはチームで力をあわせて行います。ときには，授業において出されたテーマに沿ったプレゼンテーションを1人で行うこともありますが，助け合える仲間がいて課題に挑む，これが良いプレゼンテーションを生み出します。

良いプレゼンテーションには，チームワークがある

(2) 効果的なプレゼンテーション

　ビジネスにおけるプレゼンテーションは，新たな提案に活用されます。お客様へ新製品の説明をするときや経営者が新規プロジェクトの導入を検討するときに，プレゼンテーションは行われます。そのプレゼンテーションが参加した人々に効果的な印象を与えたとしたら，お客様が商品を買ってくれたり，経営者は新規プロジェクトの実行を決断します。いずれにせよ，プレゼンテーションを実行する人々はその当日まで綿密な計画と準備を立てていきます。

　効果的なプレゼンテーションには，相手に伝えるための強い意思や行動が不可欠。

　プレゼンテーションを効果的に行うために必要不可欠なのは，「チームワーク」です。チームワークが欠如したプレゼンテーションに参加した人々は，ちぐはぐなプレゼンターたちの言動に戸惑うことすらあります。プレゼンターたちの醸し出す空気に違和感を感じ，時間がなかなか過ぎません。反対に，効果的なプレゼンテーションならば，あっという間に終わってしまうでしょう。

2 プレゼンテーションの手法

(1) TPO

 プレゼンテーションの手法には,次のようなものがあります。手法はプレゼンテーションのテーマや場所に応じて選びます。

暗記・朗読による発表(スピーチ含む)

資料による発表

掲示による発表(資料による発表)

コンピュータを用いた発表

 プレゼンテーションが,ビジネスで欠かせない意思伝達の方法であることを述べました。そして,暗唱型の口頭発表から,コンピュータを用いた発表までさまざまなプレゼンテーションの手法がTPO(Time・Place・Opportunity:

時，場所，機会）に応じて行われます。

　これらはいずれも，経営に生かすためにあるのです。大学生としてプレゼンテーションを学ぶのは，ビジネス社会に自然と溶け込み，デキル社員もしくはデキル経営者として活躍していくためのトレーニングです。

　会社に入ってからプレゼンテーションの手法ややり方を一から十まで教えてくれる会社はありません。大学を卒業したならば，当然知っているはずのノウハウだからです。

プレゼンテーションの役割
- コミュニケーション・ツールとして
- （相手に）わかりやすく伝える
- （伝える側の）主張を強く示す

---

(2) プレゼンテーションとレポート

　前の章でレポートについて説明しましたが，効果的なプレゼンテーションに必要なポイントは良いレポートを作成するのに必要なポイントと大きな共通点があります。つまり，レポート作成で述べた4つのポイントがプレゼンテーションにもあてはまります。

- 決められたテーマがある
- 相手がいる
- 情報を収集し，分析されている
- 意思決定（評価も含む）に役立つ

プレゼンテーションという言葉に「提出」という意味が含まれていたのを覚えていますか。そうです。相手に伝える側の知識や考えを伝えたり，提案するという意味で2つは共通しているからです。

　一方，プレゼンテーションとレポートには次のようなちがいがあります。伝えるといっても，どんな手段で，どんな相手に，どんなタイミングかです。確かに，口頭と紙のように，手段のちがいもありますが，プレゼンテーションはチームワークで，レポートは個人で取り組むことが一般的なちがいでしょう。

プレゼンテーション	異なる特徴	レポート
口頭（人前で話す）	手段 （方法）	紙（文章で説明する）
顧客，社内，授業仲間	誰に （相手）	経営者，上司，教員
プレゼンテーション当日 （与えられた時間内で）	タイミング （いつ）	提出期限の日まで （与えられた期限内に）
チームまたは個人	誰と （仲間）	個人
簡潔に	伝える内容 （量）	きめ細やかに

3 レポートとの共通点

　基本的に，前の章で述べたレポートの4つの特徴で述べたことがプレゼンテーションの特徴として活用できます。文章内の「レポート」という語句を「プレゼンテーション」に置き換えれば，ほとんどのケースでOKです。それらは，

- テーマを正しく理解する
- 表紙や表現にこだわる
- 情報収集と分析に時間をかける
- (相手に) 役立つものである

です。そこで，ここではむしろレポートにはない，プレゼンテーション特有なことで知っておくと便利な点を説明していくことにします。

4 プレゼンテーション特有の要素

プレゼンテーション特有の要素というと，次のようなものがあります。

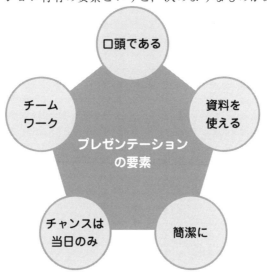

(1) 口頭である

今やデジタル時代といわれ，いつでも，どこでもあらゆる相手とインターネット通じてコミュニケーションができます。Eメールやライン，スカイプといった相手とのコミュニケーションはほぼいつもオンライン（つながっている）状態です。

特に大学生であれば，これらのツールをいとも簡単に使い分けしていることでしょう。

であるにもかかわらず，「さてプレゼンテーションを始めましょう！」と教員が授業で提案した瞬間，教室の雰囲気は「えーっ」「どうしよう!?」という動揺が広がります。緊張感でぴんと張り詰めることさえあります。まれに「プレゼンテーションなんて無理です」と，深刻な顔で訴える学生もいます。

あなたの表情やしぐさも
プレゼンテーションの
1つです

　皆さん，プレゼンテーションを怖がらないでください。普段日常的に，チャットで友達とやりとりしたり，Facebook でまったく知らない人と知り合いになっているでしょう。twitter で思ったことをつぶやいているでしょう。すでに広く一般にあなたの考えや主張を述べることができるのです。

　プレゼンテーションは，メールやチャットなどと似ています。ただ単に「自分の意思を伝える」ことができればいいのです。唯一異なるのは，相手が見えるところ，すなわち目の前にいるというだけです。

　その方が，自分たちの気持ちを伝えやすいこともあります。プレゼンテーションを行う側は相手の表情が，相手側はプレゼンテーションを行う人の表情がお互い見えること，これが効果的な意思伝達につながるからです。

(2)「わかりやすく，簡潔な」資料を使える

　口頭でプレゼンテーションをすると，すぐ目の前にいる相手に即座に伝えたいことを伝えることができます。伝えたい相手があなたの目の前にいるのですから，ビジュアルで訴えることも可能です。気をつけたい点は，簡潔に伝えることです。

　ビジュアルというと，その場で見てもらえる資料を活用できる訳です。伝えたいことを伝えるには，話す姿勢だけでなく，インパクトを持って伝えることも大事です。ポスターやボードに，カラフルな文字や図表を用いるのが有効ですし，もちろんパソコンやタブレットを使うのもよいでしょう。

　ビジネス社会で行われている一般的なプレゼンテーションでは，発表当日までに資料をあらかじめ準備しておくことができます。そして，その資料を

効果的に用いて当日の発表を行います。資料の形式には、ポスターや模造紙、ボードといったものがあります。また最近プレゼンテーションに多く活用されているのが、パワーポイントというソフトウェアを使う方法です。パワーポイントを使用する場合、スライドに読み切れないぐらいの文字をつめこむのはやめましょう。

プレゼンテーションの基本は、
「わかりやすく、簡潔に」です

インパクトのあるプレゼンテーション、さてどの手法を使いますか？

グラフ　　　　　パソコン　　　　カラフルな文字

(3) チームワーク

　実は，このチームワークがプレゼンテーションの成功を決める最も大事な要素です。プレゼンテーションを複数の人々で構成されるチームで行う際，チームがどうやって結成されるかは別として，誰と一緒のチームになっても，互いに協力し，プレゼンテーションに向かって一致団結できるかが勝負です。

　複数の人が1つのチームで取り組むのですから，何人かの個性や長所を上手に活用するとよいでしょう。つまり，チームの中で役割分担を設けるのです。次のような具合です。

- 話すのが得意なAさん　⇒　当日の発表担当
- 情報収集能力が高いBさん　⇒　情報や資料集め
- コンピュータの操作が得意なCさん　⇒　情報の分析と資料作成

といった役割が一例です。それぞれのチーム構成員（メンバー）が得意なことをやり抜くことで，最終的にプレゼンテーションは成功します。力を集結するということも，チームであれば可能です。

　どんな団体スポーツでも，それぞれの選手が自分の強みを発揮し，それぞれの選手の弱みをカバーします。誰も弱みを責めたりしません。互いを尊重し合うこと，それが，チームワークです。素晴らしいチームワークが勝利をおさめるのに不可欠です。

　プレゼンテーションも同じです。チームワークで互いを尊重し合い，成し遂げてください。レポートは基本的に自分一人でテーマの理解から情報収集・分析，資料の提出まで行わなければなりません。チームワークを生かせる点はレポートにはない，プレゼンテーションの良さの1つです。

チームの勝利はメンバーの協力あってこそ！

(4) チャンスは当日のみ

　プレゼンテーション当日，私たちグループの発表を楽しみにした授業仲間が教室に集まってきました。もしくはお客様が，私たちの新製品プレゼンテーションを楽しみに，会社にやって来ました。さて，いよいよこれまでの成果を示すときです。

　プレゼンテーションを実行する日は，あらかじめ決まっています。何らかの理由でその日を逃せば，プレゼンテーション自体成立しません。あなたに求められているのは，計画どおりに準備をし，当日にのぞめるかどうかです。実行できて初めて，プレゼンテーションの意味があります。

　仮に，ビジネスでお客様との大事な約束の日に，プレゼンテーターが欠席してしまったらどうなるでしょうか。印象がいいはずはありませんし，そのビジネスが成功するはずもありません。当然会社全体への信頼は崩れ，大事なお客様を失ってしまうでしょう。

　授業においてプレゼンテーション当日に担当チームの誰かが欠席しても同じ結果になります。チームに対する授業仲間の期待が大きければ大きいほど，皆んなの気持ちは失望に変わります。そして，チームの仲間のあなたに対する信頼はなくなります。

　プレゼンテーションは一度のチャンスしかありません。せっかくの準備やチームワークが台無しにならないよう，プレゼンテーション当日に必ず出席できる環境を整えてください。体調管理は当然のことです。

プレゼンテーション ＝ 「計画」と「実行」の結果

5 チャンスを生かす

(1) 自分をアピールするチャンス

　プレゼンテーションにしろ，レポートしろ，大事なことはチャンスを生かせるかどうかです。あなた自身に与えられた，他人に対して自分をアピールするチャンスをぜひ生かしてください。

　大学で積み重ねた知識はもちろん，日頃関心のある事象や自分の考え方を他人に理解してもらうチャンスです。

(2) 知識に基づけばこそ

　良いプレゼンテーションを実行する，もしくは良いレポートを書く，これらは突然できるものではありません。私は話が苦手だとか，字がきたないからといって，良いプレゼンテーションができないことはないです。良いレポートを書けないことはないのです。

　話が上手な人や字がきれいな人がプレゼンテーションやレポートが得意だと思い込んでいませんか。そんなことはただの外観に過ぎません。知識に基づかない，単なる話し上手だけの発表は，ビジネスでは不要です。

　そんな発表や提案書が，会社の経営を支えられないことを経営者はよく知っているからです。

(3) 計画と実行

　中身，すなわち，経営学部で培われたあなたの溢れんばかりの知識やさまざまな経験は，プレゼンテーションやレポートの至る所に自然と表れます。プレゼンテーションにおける「計画」と「実行」の考え方は，ビジネスで求められる最も大事な課題に通じています。

　その課題とは，会社はもうけを得るという目的に向かって，どのように戦略を計画し，実行していくかです。これをよく理解している社会人は，実は

プレゼンテーションやレポートを上手に活用できるのです。

ポイント

1. プレゼンテーションの役割とは，どういうことですか？
2. プレゼンテーションとレポートのちがいはどのような点ですか？
3. プレゼンテーション特有の要素には，どのようなものがありますか？

コラム10 ✻ パワーポイントに対する理解

パワーポイントはあくまでも道具の 1 つである

　プレゼンテーションといえば，「パワーポイント」というプレゼンテーション用のコンピュータソフトが最近至るところで取り入れられています。パワーポイントを使ったプレゼンテーションが，最も有効だと思っている人がかなり多いためです。

でも，それは誤解です。

　パワーポイントは単なるプレゼンテーション用のツールに過ぎません。プレゼンテーションの目的は，あくまでも行う側と聞く側の双方向のコミュニケーションです。手段が大事なのではなく，「いかにうまくコミュニケーションをとれるか」が重要なのです。

ふさわしい場面で活用すれば，パワーポイントはすぐれもの

　1 つのツールとして，パワーポイントによるプレゼンテーションを考えましょう。ポスターや掲示板，作成資料もまたプレゼンテーションの効果を高めますから，そのときにどんなプレゼンテーションがふさわしいかをよく検討した上でそれらの手法を使いこなしてください。チームの個性が生きる手法を使うとより際立ったプレゼンテーションが実現できるでしょう。

チームの個性　⇒　プレゼンテーションの個性

11章 ゼミナール選び

友情は，人間感情の中で最も洗練された
そして純粋な美しいモノの一つだと私は思う
友情を交わす友人のいることは，
その人の人生にとって非常に大きなプラスである。

本田宗一郎（ほんだそういちろう，1906～1991年）
日本の実業家。本田技研工業（通称：「ホンダ」）の創業者。

1 大学にはクラスがない

大学に入るまではクラスというしくみがあったと思います。小中学校では，クラスごとに教室の場所が決まっていて，ほとんど一日を同じ教室過ごしていたと思います。ほとんどの授業を同じクラスメートとともに受けます。たまに，体育や選択授業で他のクラスの学生と混じって授業を受けることがあるぐらいでしょう。

大学にはありません

クラスメート

クラス教室

担任の先生

大学にはクラスという概念がありません。クラス専用の教室もありません。自分の選択した授業ごとに教室を移動します。いくら仲の良い友人であっても，授業で一緒になることもあるし，別の授業に出たりすることもあります。

それぞれの授業に気の合う仲間との出会いもありますが，挨拶する程度の付き合いで終わってしまうかもしれません。授業の選択肢が広がるゆえ，同じ仲間と過ごす時間も減ってしまいがちです。

当然ながら担任の先生もいません。ホームルームで毎日出席をとりながら，クラス全体を常に把握するような教員はいないのです。大学生になったら，あらゆる事柄が与えられるものではなく，自分自身の選択や行動の上に成り立っていきます。

それゆえ，待っているだけではダメです。
わからなかったらたずねる，調べるといった行動をおこしてください。

2 ゼミナールとは？

逆に小中学校にはなくて，大学だけにあるもののたくさんあります。サークルやプロジェクトもそうですが，最大の特徴は「ゼミナール」があることです。では，ゼミナールとは何でしょうか。

> **ゼミナール（Seminar）** とは，教員の指導に基づき，少数の学生が発表や討論を通じて主体的に学びを深める授業をいいます。

ゼミナールは「自分が考え，行動する」という大学での学びのポリシーがそのまま授業になったようなものです。ですから，

ゼミナールは，大学の学びの集大成です。

といわれるほどです。あくまでも各学生の主体性が求められます。ゼミナールでは，常に受け身の姿勢は通用しないのです。

ゼミナールに所属すると，学生自身がすべての物事やテーマについて自分の考えや主張を持つことが前提です。それはなぜでしょうか。ゼミナールの語源からその理由を説明することができます。

ゼミナールは，ラテン語の seminarium（セミナリウム），日本語でいう「苗床」を語源としています。このセミナリウムという言葉は，「種をまく」という意味から派生したそうです。「苗床」は，まだ種子から発芽して間もない苗を育てる場所です。この「苗床」こそ，ゼミナールなのです。つまり，

ゼミナールは，学びの種をまき，知識を育み，成果を得る場です。

ゼミナールで学びを育てる

　ゼミナールでの学びは，種子が芽を出し大きく育つと収穫が訪れるのと同じステップを踏んでいきます。どんなに良い種子であっても，豊かな環境（土壌）がなければ果実は育ちません。ときには，良い肥料も必要でしょう。

　それと同じように，どんなに優れた学生であっても，知識を深めるにはベストな環境が必要です。ときには，友人とテーマや課題について話し合ったり，議論したりという学びの刺激も必要です。それが，ゼミナールなのです。

良い肥料（議論や話し合い）は，学びの刺激！

3 ゼミナール選び

(1) 自分の感覚を大事にする

　さて，ゼミナールに所属するための最初のハードルが「ゼミナールを選ぶ」という行為です。大学によっては，ゼミナール選びのためのハンドブックや手引きなどが用意されている場合もあります。そこには，次のような情報が記されています。

　ゼミナール選びには，このような情報を参考にする他，自分が大学ですでに受けた授業の経験に基づくこともあるでしょう。もちろん同じ学部やクラブの先輩などから情報を得たりするのも1つです。

　ただ最終的に自分が選びたいゼミナールを絞り込んでいくとき，最も大事なことは，選ぶ本人の感覚に合っているかということです。授業内容だけでなく，教員も含めて総合的に判断する必要があります。自分の感覚を大事にしてください。

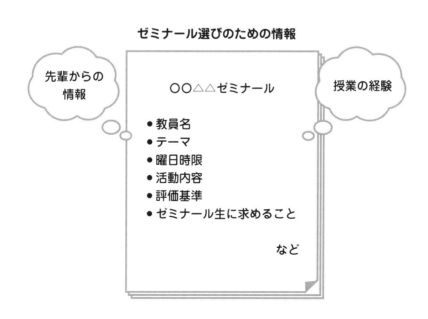

ゼミナール選びのための情報

(2) 所属決定までのプロセス

　ゼミナール選びは，選べば終わりという訳ではありません。複数の段階を踏んでようやく所属するゼミナールが決まります。ゼミナールには所属できる学生の人数がある程度決まっています。志望する学生が皆，その志望どおりに所属できるわけではないのです。

　次の図は，ゼミナール選びから所属決定までの流れを示します。志望を叶えるためにも，ぜひこの流れを理解し，一歩ずつ着実に前へ進んでください。

ゼミナール所属決定までの流れ

1. ゼミナール選び
2. 「志望理由書」の提出
3. 担当教員による選考
4. 所属決定!!

　　　　　ステップ by ステップ

(3) 志望理由

　志望するゼミナールがある程度固まってくると，次はあなたがなぜそのゼミナールを選んだのか（志望理由），どうやって学びを深めようと努力していくのか（努力目標）を整理し，ゼミナールの担当教員に説明する機会が訪れます。これが，ゼミナールの「志望理由書」です。

　決められた提出期限までに「志望理由書」を担当教員（もしくは，教務委員の先生など）に提出しなければなりません。ゼミナール（通称；ゼミと呼ばれます）によっては，この段階で教員やゼミの先輩と会うことができるでしょう。

(4) ご縁を受け入れる

　志望するゼミナールに所属できるかどうかは所属発表で確認します。第一志望に決まった人は，ぜひそのゼミナールで仲間とともに学びを深めてください。

　仮に残念ながら，第一志望のゼミナールに決まらなかったとしても悲観的にならないでください。それは，あなたにとって意味のあることです。ビジネスや会社の経営でもよくいわれることですが，「何事もご縁があっての物種（ものだね）」です。

　第二志望，第三志望のゼミナールになったとしたら，そのゼミこそ，あなたと「ご縁」があると前向きに理解しましょう。

ゼミナールとのご縁は，
人とのご縁と同じ

4 ゼミナール選びのポイント

　以下では，ゼミナールを選ぶにあたってのポイントについて解説します。解説の糸口として，さきほど述べたゼミナール選びのための情報を使っていきます。ただし，最後に選ぶという決定をするのは，他の誰でもない，あなた自身です。

- **教員名**
- **テーマ**
- **曜日時限**
- **活動内容**
- **評価基準**
- **ゼミナール生に求めること**

(1) テーマ・内容
　ゼミナールのテーマとは，ゼミナールで主にどんなことを学んでいくのかを示したものです。いわば，ゼミナールの目標のようなものです。その目標に向かって，どうやってゼミナールが進んでいくのかが，授業内容と理解すればよいでしょう。

(2) 曜日時限
　あなたが学期ごとに作成する時間割の中で，どの曜日時限にゼミナールが開講されるかが記されています。ゼミナールの所属が決定すれば，確実にその曜日時限にゼミナールがあるわけです。これを学期末に来年度の履修を行うときの目安にすると便利です。つまり，ゼミナールの開講時限に他の授業科目は履修できませんので，覚えておくとよいでしょう。

(3) 活動内容

　ゼミナールはテーマを目標に，毎週決まった仲間とともに学んでいく場です。ときには，課題に対してグループを作り，グループの仲間と一緒に取り組んでいきます。また単独でその日の課題に対して取り組むこともあるでしょう。取り組みを発表として，レポートにまとめる，プレゼンテーションを行うこともあります。

　大学生としての学びを深めるには，仲間とのやりとりは欠かせません。自分一人では考えもつかないことを他のゼミ仲間は考えています。ある仲間のふとした発言に「へぇー」「なるほど」とあなた自身の学びが広がります。課題解決の手法とともに，さまざまな考え方を共有することができるのです。

　ゼミナールは大学で開講されることが中心ですが，ときに学外にて開講される場合もあります。これが，ゼミナールの課外活動です。学外での活動は，日帰りもあれば，合宿形式で行われるケースもあります。仲間とお互いをよく知るいい機会です。

　普段はあいさつを交わす程度の仲間でも，たとえ同じグループになったときだけ話をするような間柄であっても，学外でともに過ごす時間によって互いが自然体で接したり，打ち解けられたりということはよくあります。

互いを知り合うきっかけは，学外にもある

(4) 教員と学生

　ゼミナールはあくまでも所属する学生の主体的な活動によって運営されていきます。仮に，教員がゼミナールで話し過ぎているとしたら，それは何かちがっています。先に述べたゼミナールの語源から考えると，そのような受動的な学びは本来のゼミナールではないからです。

　教員が何かを与えるのがゼミナールではありません。ここは誤解しないでください。ゼミナールを運営するのは，学生自体です。教員の役割は，学生が運営する方法や流れをじっと見守り，ときには学問の知識を伝えて彼らの学びを刺激することにあります。

　ゼミナールにおける教員と学生の位置づけは，オーケストラ楽団に似ています。音を奏で，演奏するのはさまざまな楽器の奏者であり，彼ら1人ひとりの秀でた演奏能力が合わさった結果，素晴らしい演奏となります。

　指揮者は指揮だけに集中しています。音の強弱を付けたり，ある奏者だけがプレイするときだけ，指揮棒を大きく動かします。教員は指揮者のごとく，全体を広く見守ります。必要なときにだけ，学びのきっかけを伝えるのが教員の役割です。

指揮者（教員）

奏者（学生）

ある学問領域の専門家でありながら、教員はキーワードを発することに終始します。そうして、ときに深く学んできた知識や経験を学生に提示します。でも、教員は答えをいいません。学生の答えにたどり着く努力が学びだからです。オーケストラの演奏で、指揮者が楽器を演奏するようなものです。

学びで大事なことは、答えにたどりつくプロセスです。思考したり、議論を展開したりするのはあくまでもゼミナールの主役である学生です。学生の主体性や学生相互の連帯感があれば、あらゆる学びについて研鑽を深め、解決をはかっていくことができるからです。

(5) ゼミナール生に求めるもの

ゼミナール生に求めるものがあったとしたら、それ、そのゼミナールのモットーのようなものです。どんな学生が集まれば、同じ目標に向かって歩みを進めていけるかということを、教員はこれまでの指導や経験を通じて理解しています。

少人数でゼミナールは運営されていきます。大学によって、ゼミナールの定員は異なりますが、ゼミナールあたり多くても20人程度とする大学が多いようです。主体的な学生同士の行動は少人数であるがゆえ、お互いの協力が不可欠です。ゼミナールのモットーを十分理解し、それを実行できる仲間が集まることが大事です。ゼミ仲間同士の連帯感はモットーを理解してこそ生まれるのです。

仲間と力を合わせる

(6) 評価基準

　評価基準は，ゼミナールでの一年間の学びの成果がどのように決められるかを測る基準となるものです。課題提出はもちろん，取り組み姿勢，発言回数・内容，ゼミナールでの貢献度などが勘案されるでしょう。

　出席は当然です。主体的に学ぶのがゼミナールです。欠席した分の穴埋めは誰もやってくれません。いかなる理由であれ，欠席が多ければ，当然仲間とのコミュニケーションはうまくとれず，グループでの役割を果たすことも難しいでしょう。常に出席できる環境づくり（体調管理）を心がてください。

豆知識　ゼミナールは，ドイツで始まる

ゼミナールがゲッティンゲン大学（ドイツ）の教育法として初めて取り入れられた。これが，ドイツ語読みの起源になったようである。

seminar をドイツ語読みすると，「ゼミナール」(zeminar)
ゼミナールを英語で書くと，seminar
seminar を英語読みすると，「セミナー」
seminar を日本語に訳すと，「演習」

出所：『世界大百科辞典（第2版）』より

5 かけがえのない財産

(1) 楽しく, 厳しく

これまでの話を読んできて, ゼミナールが楽しみになってきた人, 辛そうなイメージを持った人……それぞれだと思います。それは, いずれも正しい認識です。楽しくもあるし, 厳しくもあるのが, ゼミナールです。仲間とのたくさんの経験は何事にも変えられない貴重なものです。

一方, 多くの人は主体的に行動することが苦手です。小さい頃から大学生になるまで, たいていのことは与えられてきたと思います。受動的な姿勢でやってこられたのです。待つだけで誰かが与えてくれたのです。

ところが, 大学を卒業してビジネス社会に身を投じた途端,「すべてが自己責任」のルールが前提になります。自分で何かを得ようとしなければ, 誰も与えてなどくれません。成功は自分自身で勝ち取るのです。

ビジネス社会への準備が肝心

与えられる（これまで）

自己責任（これから）

(2) 学生がゼミナールの運営

　大学での学びの4年間は、ビジネス社会への準備期間です。誰でも最初は「自分で考え、行動する」ということに戸惑うでしょう。でも、4年間という時間の過ごし方によって、少しずつ主体的な行動を自然ととれるようになっていきます。ゼミナールはその真骨頂です。

　ゼミナールの運営主体は学生自身です。お互い難しく感じるからこそ、ときには励まし合い、尊重し合うことができます。たまに仲間と意見がぶつかることもあるでしょう。また意見を求められたとき、答えられない自分に恥ずかしいと思うことがあるかもしれません。

　自分から進んで行動しなければ、ゼミナールに所属している価値はありません。ゼミナールにいることすら、つらくなってしまうでしょう。そうならないでください。苦労をともに乗り越え、仲間とともに学びを深めましょう。大学を卒業するとき、私たちはゼミナールの仲間がかけがえのない財産になっていることに気がつくでしょう。

ゼミ仲間はかけがえのない財産です

ポイント

1. ゼミナールには、もともとどのような意味がありますか？
2. ゼミナール選びのポイントには、どのようなものがありますか？

コラム11 ☀ 卒業論文による締めくくり

卒業論文は，大学生活最大の成果である

　レポートとプレゼンテーションの延長線上にあるのが，卒業論文です。4年生のゼミナールでは，卒業論文への取り組みが中心的な活動を占めます。
　なぜなら，卒業論文は，大学の学びにおける最大の成果だからです。

卒業論文を書くのは，自分自身です

　これまでたくさんの授業で学び，多くのビジネスや経営に関連する知識を積み重ねてきました。ゼミナールに所属し，仲間とかかわりながら主体性を身につけてきました。チームワークであらゆることに取り組む能力がすでに備わっています。

ゼミナール仲間の励ましが，卒業論文の完成には欠かせません

　忘れないでください。テーマは違いますが，ゼミナールの仲間もまた卒業論文の完成を目指します。これまでも大局を乗り越えてきた仲間たちも，そばで頑張っています。

あなたの大学生活を，卒業論文で締めくくってみませんか？

12章 資格取得にトライ！

小さなことの積み重ねが
とんでもないところに行く
ただひとつの道だと思っています

鈴木一朗（通称；イチロー，1973年〜）
プロ野球選手，アメリカ大リーグで活躍。

1 努力の形

　新入生で自分オリジナルの時間割を作るという経験をして以来，一年間だけでも多くの授業に出会ったと思います。楽しい授業もあれば，難しい授業もあったでしょう。中には，とても関心を持ち，よりその科目について学び続けてみたいと考えます。

　でも，学期末を迎え定期試験が終わった瞬間，そんな気持ちはどこ吹く風とばかりに飛んでしまいます。すっかり解放された気分になります。確かに，学期が始まってから学びの道のりがありました。その道のりを着実に前へ進んでいくと，定期試験がやってきます。

　定期試験はこれまでの道のりが正しい方角で進んできたかを確認するためのチェックポイントです。チェックポイントというとおり，定期試験はあくまでも学びの途中に過ぎません。もし定期試験の終了がすべての終わりと思っているならば，それは，道半ばでリタイヤしたマラソンランナーと同じです。

定期試験は，学びのチェックポイントである

定期試験　　　チェックポイント（学びを振り返る）

2 情報を保存する意識

　授業のゴールを単位取得だと割り切っている人もいるかもしれません。でも，その考え方は，あなた自身にとって大きな損失です。授業でせっかく学んだ知識や事柄をみすみす中途半端にしてしまうことになるからです。「まあこの辺でいいや」と学びのレベルを止めてしまったら，本当に必要なときに，また初めからやり直さなければなりません。

　人間の頭の構造は，優秀にできています。頭の中に詰まった情報は必要がないと意識された途端，自動的に消去されます。もしくは，どこに整理されたのかわからない記憶の奥底に眠ってしまいます。

　コンピュータがいかに優れた道具とはいえ，このようなことはありません。人間が自動消去のプログラムを設定しないかぎり，勝手にデータを消去することはありません。フラッシュメモリやDVDは壊れないかぎり，データをずっと保存していますので，呼び出したいとき呼び出すことができます。情報を自動的に消去するか，取り出せないところにしまってしまうのは，人間の頭脳だけです。

情報を保存・呼び出すには，あなたの意識が必要です

その本人がいかに必要な情報かという意識を持つかが、情報を取り出しやすい引き出しに保存するポイントです。得た知識や経験はよほどのことがないかぎり、消えずに記憶の奥底に眠っています。

奥底から取り出す手段がないゆえ、私たちは忘れたと思い込みます。せっかくお気に入りの授業で得た知識をどこかで眠らせてしまっていいのでしょうか。あなたの学びに対する素晴らしい理解や関心をもう少し伸ばしてみたいと思いませんか。

3 自身のために使う

(1) ワクワクが大事

学びは生涯ずっと続きます。ゴールなどありません。それをあなたがのぞむかどうかです。要はあなた次第です。ハイカーにとってのゴールは山の頂上に辿り着くことです。辿り着けば得られる満足感と眼前に広がるすばらしい光景を想像しながら、歩みを進めていきます。山頂から拡がる360度の大パノラマにワクワクします。

自分の中にワクワク、
ドキドキ（トライすること）
を持とう！

登り切った満足感を得るために山登りをするハイカーのように、私たちにとってプラスな何かがあれば、学びはいっそう楽しくなるでしょう。ワクワク、ドキドキなしに、事は成せません。難しい学びであればあるほど、満足

感は得られますが，その一方で大パノラマのような楽しみ（ワクワクするようなトライ）があればなおよしです。

夏休みは何をしようか，春休みにどこに行こうかと楽しい計画があなたの周辺を取り囲んでいます。それだけで満足していませんか。大学生にとって，学期と学期の間の長い休みは貴重です。この大学生の特権を，どうあなた自身のために使うかが学びの才能を伸ばせるかどうかの分かれ道です。

(2) 社会に見せる形

学生によっては，単位取得さえすればそれでよしと理解しているかもしれません。半年かあるいは一年という決められた履修期間を経れば，テキストを開くことはないかもしれません。単位取得の積み重ねは卒業を左右しますが，大学を卒業してしまったら，これまでの努力は目に見えません。卒業で終わりです。唯一残るとすれば，大学の成績証明書を取り寄せたときだけです。

成績証明書を必要とされるのは，就職試験を受けるときぐらいです。せっかく優秀な成績で授業を終えたとしても，いったん社会に入ってしまえば，表面上授業ごとの優秀さを示す機会はないでしょう。あなたがどんな学びを得意とするのか，どんなに優秀だったかを他人に伝えることは難しくなります。だからこそ，社会に見せる資格が大事なのです。

自分の能力をどうやって他の人に伝えるのか？

これこそがキーワードです。なぜなら，非常に厳しいようですが，新卒で入社した会社に定年まで勤められる保証はないからです。大学卒業後，私たちが安定した生活を得ることについて，かなり難しい現実社会があります。一度得た仕事に定年まで勤められる人は，ごくわずかです。

それゆえ新卒で会社に入社したからといって安心はできません。そのような現実に備えてあなたができることをしておいてください。大学で努力して

得た知識や情報を，社会に認められる形に残しておくのです。

そうすれば，履歴書に形で現れます。誰が目をとおしても，あなたの優秀さや努力を伝えられるでしょう。

誰もがわかる形にして伝える

4 資格の活用

（1）資格は共通のものさし

履歴書にあなたの能力や努力を永久的に示すには，社会一般で通用する共通した尺度に変換する必要があります。それが，資格取得です。大学の授業は，大学によって，担当する教員によって，学年によって到達度はさまざまです。

同じ授業名が付されていても，取得した成績を単純に比較できません。A大学のある学生が「優」，B大学のある学生が「可」であっても，A大学の学生が優秀であるとはいえません。難易度が異なるのです。二人の能力を比べるためには，同じ尺度（ものさし）が必要です。

大学における授業評価

授業名「経営学基礎」

| A 大学の学生 「優」 | B 大学の学生 「可」 |

資格取得は，同じ目（客観的な視点）でその人の能力を評価するということです。

　資格取得は同じ目で社会における能力を測るものさしとなるでしょう。どこの大学の学生であろうが，どんな社会人であろうが，同じ評価基準で合否を判定します。同じ資格試験に合格して初めて，二人の能力が合格水準に達していることが証明されます。

　この客観的な見方が広く一般に認められているということです。資格は受験資格さえあれば，誰でも目指すことができます。

　大学で得た学びの実力・努力を社会的に認められるものにするために，学びを止めることなく，資格取得にトライしてください。資格取得は授業の延長線上にあります。授業が終わってからの少しの努力で手の届く資格があるのです。

　どんな立場の人でも資格は，合格ラインに達していれば，誰でも合格できます。合格した人は資格のレベルや級に応じて公式に認定されます。永遠にあなたのキャリアにおいて残っていきます。広く社会に認められる客観的なものさしで，あなたの知識が評価された結果です。

(2) 関連する資格

　経営学部の学問領域に関連する資格には，主に次のようなものがあります。国家試験から，公的・民間資格までさまざまです。難易度もさまざまですから，試験の概要についてよく調べた上で自分にあった資格にトライするとよいでしょう。学問領域別に列挙しますので，資格取得を目指すときの参考にしてください。

① **経　営**

- 経営学検定
- 秘書技能検定
- 中小企業診断士
- ビジネス能力検定
- TOEIC

② **会　計**

- ビジネス会計検定
- 日商簿記検定
- 国際会計検定
- 公認会計士
- 税理士

③ **情　報**

- IT パスポート試験
- 基本情報技術者試験
- 日商 PC 検定
- Microsoft Office Specialist（Word・Excel・PowerPoint など）

④ **マーケティング**

- リテールマーケティング（販売士）検定
- 貿易実務検定
- マーケティング・ビジネス実務検定

5 資格は社会的証明

(1) 授業はきっかけ

　人生の大事な岐路において，学びの重要さに気づきます。でもその段階で重要さに気がついても，すぐあなたの生活を向上させることはできないでしょう。少なくとも数年は学びを深める時間として必要です。資格取得に向けて日々学びの繰り返しです。

　授業の良いところは，学びの扉を常に開けてくれていることです。学ぼうという姿勢さえあれば，どんな学生でもウェルカムです。人それぞれ個性がちがうように，興味・関心の程度もまちまちです。

　友人が面白く感じた授業でも，あなたにとって面白いとは限らないのです。自分がいったい何に興味を持つのか，何に関心があるのかを気づかせてくれるきっかけが，授業との出会いです。授業によって資格取得のためのすべてを学べるわけではありません。

授業は，学びへの扉（出会い）です

扉

出会い

(2) 資格は盾になる

　資格取得は，授業で意識した自分の興味・関心を形にするための行動の結果です。楽しい学びなら続けられる，これは誰にでも共通することです。楽しいとわかれば，学びを続けましょう。

　さて，あなたにとって続けられる学びとは，いったい何でしょうか。

　資格によっては，非常に難しく，何度も試験にチャレンジすることもあるでしょう。大事なことは，人生において継続してできることや成し遂げたことが1つでもあるかどうかです。その成果物の1つが，資格として履歴書にしっかり刻まれていきます。

資格は残るもの

　資格は，あなたの能力をある側面から客観的な尺度で評価した形です。ビジネス社会には，資格取得によって私たちの能力を認める風土がありますから，さまざまな資格があります。あなた自身がのぞみ努力すれば，さまざまな角度から知識や能力をアピールできる手段はいくらでもあるのです。

　「すべて自己責任」の社会が私たちを待っています。だからこそ，社会における困難や厳しさを跳ね返すためのたくさんの盾を持ちましょう。取得した資格は身を守る盾の1つです。

　これまで学びを深めてきた私たちですから，きっと盾を身につけられます。

素晴らしいキャリアを作る技量は備わっています。積み重ねた知識はあなたの強い味方です。学びを続けましょう。

キャリアは自分で作るもの

> **ポイント**
>
> **1.** 資格取得には，どのような意味がありますか？
> **2.** 経営学部に関連する資格は，どのようなものがありますか？

コラム12 ☼ 履歴書がキャリアの証

履歴書は「積み重ね」そのものである

　履歴書は，住まいや誕生日に関する個人情報から学歴，長所，資格，大学で学んだことなど，あなたに関する情報の宝庫です。でも残念ながら，成績を示す欄は与えられていません。

　なぜなら，成績は客観的な情報ではないからです。大学によって，担当する教員によって成績評価は異なります。優秀であればあるほど，社会に出ても通用するような証をとっておくことをお勧めします。その証明書が，取得した資格です。

　　履歴書にあふれんばかりに，自分の素晴らしさを主張しましょう

　意気込みだけでは内容のある履歴書は作れません。積み重ねをしてきた人なら，きっとキラリと光る履歴書を作れるでしょう。会社の人事担当者宛てに何万と届く履歴書の中から，あなたの履歴書が際立って見えるためにもです。

サマリー 〜未来へ!!〜

森の中で 道が２つに分かれていた
私は 足跡が少ないほうの道をえらんだ
それが すべてを変えたのだ

ジークムント・フロイト（Sigmund Freud, 1856〜1939年）。
オーストリアの精神分析学者。

1 巣立ちに向けて

　そもそも大学進学を決めるとき，学部を選ぶ理由を明確に持っていたでしょうか。はっきりと理由を述べられる人を除き，多くは「何となく」「役に立ちそうだから」という理由で経営学部を選んだと答えます。ビジネスに主眼を置く商学部を選んだ理由も，同じ質問をすれば，答えは似たようなものです。

　なぜ役に立ちそうだと思うのでしょうか。日々ビジネスや会社の営みに囲まれて生活しているからです。そして，晴れて入学した皆さんは，ビジネスが日々暮らしの中で私たちがかかわっていることをさまざまな学問から学びます。

　ビジネスを営む会社があるからこそ，私たちの生活が成り立っていることも，漠然としてではなく，学問的視点で理解します。

　大学での学びは「実社会に最も近い学問」を中心に，次のようなステップを踏みます。全学年に共通するポリシーは，「自分で考え，行動する」というものです。

大学における学びのステップ

| 1年次： | ビジネスや会社経営に関する基礎知識を知る学年 |

| 2〜3年次：強固な基礎知識の上に，さまざまな学びや知識を積み重ねる学年 |

| 4年次： | 学びを振り返り，成果を出す学年 |

↓↓↓

社会にはばたく

2 1年生が最も大事

　社会に一歩足を踏み出すと、自らしっかりと意識と自覚を持ってビジネスや会社の営みにかかわっていかなければなりません。大学での学びの4年間はそのための準備であり、助走期間として設けられています。

　ですから、どのような事柄にも「最初が肝心!」といわれるとおり、1年生の学びが社会にはばたくために必要な基礎を形成するという意味で、最も重要です。

　基礎知識なくして、学びの発展はありません。つまり、入学当初の1年間の過ごし方が、最終学年の4年生はおろか、社会に出てからにも影響を与えます。

1年生の成功　＝　輝かしい未来へはばたく登竜門

　入学して早々、初めてのことが目の前にたくさんありました。四苦八苦した人も中にはいたのではありませんか。初めての履修を経験し、友人と初めて出会い、初めての授業を受けるといった具合です。ときには資格勉強にも力を注いだことでしょう。

　皆さんが1年生を終える頃、単位取得も順調で、目指す資格取得も実現できたならば、何も心配はいりません。日常生活の土台となっている商売、商売のルールや考え方、商売を営むお店や会社のしくみを理解する上で大切な環境を自分で整えられたからです。家を建てることに例えるなら、基礎づくりの工事がしっかりできた状態です。

　次に、柱を建て、内装へと工事は移ることができます。それが2年生以上

の学びです。1年生でできたのですから，上位学年になってもきっと自分で学びの計画を立て，実行に移すことができるに違いありません。

そして，ビジネスや会社経営をきっちり理解した上で，社会へはばたくことができるでしょう。

3 未来への扉

大学での4年間は皆さんにとって非常に貴重な機会であり，投資する機会でもあります。時間を自分に投資してください。豊かな人生を送るために，ぜひビジネスに精通してください。

世界中のありとあらゆる場所で，しかも24時間起こり続けている経済的な事象，それがビジネスです。ビジネスを学ぶことは，まったく自分のいる世界とかけ離れた話ではなく，むしろ身近な日常を知ることができます。

大学生の「学びのポイント」を覚えていますか。

> 1つめ：世の中で起きている大きな動きや背景を知る
> 　　　　（おおまかに見る）
> 2つめ：今，目の前で起こっていることをじっくり知る
> 　　　　（じっくり観察する）
> 3つめ：それらの学問的な考え方や成り立ちを調べて理解する
> 　　　　（深く丹念に調べる）

大学には，あらゆる意味で多くの扉があります。これまで知らなかったことを学べたり，新たな友人と会話したり，さまざまな経験ができる場所です。前向きな姿勢で，少しの勇気があれば，これまで経験したことのないことをやり遂げたり，資格を取得したり，それぞれ個々に備わった自分の新たな可

能性に気が付くきっかけにもなるのです。

　経営学部，商学部の大学1年生の皆さん，あなたが選んだ経営学部または商学部の4年間でビジネスの醍醐味や会社経営の重要性をぜひ学んでください。充実したキャンパスライフは「自ら考え，行動する」皆さんであれば，手に入れることができるでしょう。

　豊かなキャンパスライフこそが，素晴らしい未来へ続く扉の鍵なのです。

大学の学びは未来への扉の鍵です

付録 履修とは？

未来は明日つくるものではない
今日つくるものである

ピーター・F・ドラッカー（Peter Ferdinand Drucker，1909〜2005年）
アメリカの経営学者。「マネジメントの父」と称される。

1 履修とは何？

(1) 履修……1年生の最初のハードル

　豊かな充実した大学生活に胸を膨らませている1年生が，まずトライするハードルが履修申請の手続きだと思います。

> **履修（りしゅう）** とは，授業に出席して試験を受ける権利を得られた状態をいいます。

　履修は自分が思っているだけでは何も始まりません。自分の所属する経営学部あるいは商学部で今年開講される授業一覧（時間割表）を見ながら，自分でどんな授業をとりたいのかを選んでいきます。

　そして，出来上がった時間割プランを，決められた期間内に，決められた方法で，決められた場所に提出します。これが，**履修申請**（りしゅうしんせい）とよばれる手続きです。

　仮に，履修申請が何らかの理由で無事に完了しなかったならば，あなたの時間割プランどおりに授業に出席したり，試験を受けたりする権利は与えられません。

　いよいよ大学に入学してさあこれからという矢先，半年間は何もできず時間と学費を無駄にすることになります。次の履修申請ができるタイミングは大学によっても異なりますが，長ければ半年もしくは1年後までじっと待つほかないのです。半年間の学費を払い続けるにもかかわらずです。

あなたの1年間はどちらのパターンですか？

充実した学び

OR

無駄遣い

ただ履修申請について難しく考える必要はありません。文字どおり「自ら考え，自ら行動する」です。まず何を学ぶべきかを考えることから始まります。自分の考えに基づいて時間割プランを作っていきます。じっと待っているだけでは時間割は完成しませんし，誰かが代わりに作ってくれるものでもありません。たとえ先生がアドバイスをくれたとしても，最後に決めるのはあなた自身です。

(2) 時間割で意思表示

大学生はほとんどの授業を自分で選択し，パズルのように組み立てていきます。ここが，小学校，中学校，高等学校と大きく違うところです。自分がどの授業を選ぶのかを考えるとき，それは将来の何に役に立つのかもあわせて考えておくとよいでしょう。

履修申請では，自分の時間割プランを選択するという意思表示の場です。正式な手続きを経ることによって，初めて時間割プランは計画ではなく，現実のものとなります。

そこで，ついに自ら選んだ授業に出席し，試験を受ける権利を自分の手で勝ち取ったことになるのです。あとは卒業までに必要な授業時間数を積み重ねていけるよう，それぞれの授業に合格することを目指しましょう。

社会における意思表示の形はさまざま……

なぜ自分で時間割を作成しなければならないのでしょうか。それは，時間割に基づいてそれぞれの授業で試験が実施され，それぞれの成績が自分の将来を左右するからです。

合格か不合格かはもちろん，合格にもレベルがあります。優秀な成績で合格したのか，ぎりぎりで合格したのかまで判定され，大学を卒業してもずっとその成績は残ります。

卒業までに必要な授業時間数を，**単位**といいます。

---

(3) 単位の積み重ね

大学では，合格したことを「単位をとる」といい，不合格のことを「単位を落とす」といいます。不合格の授業は再度履修申請を行い，勉強し直すことになります。これが「再履修」です。あるいは，別の授業を履修することになります。

定期試験は通常学期の最後に行われます（中には中間試験を実施する授業もあります）。自分の選択した時間割の中でできるだけ「単位をとる」ことが大事です。単位を着実に積み重ねて，しかも良い成績で新たな学期，学年へと前進すれば，就職活動を少しでも有利に進められるでしょう。

すべての責任は自分自身で負わなければなりません。不合格になっても誰も責任をとってはくれません。だからこそ，時間割は自ら考え，自ら決めることが肝心です。

合格，不合格は結果

2 4つのプロセス

新入生の最大の関門である履修申請には，次の4つのプロセスがあります。実は，大学1年生の履修申請が，4年間にわたって充実したキャンパスライフを過ごせるかどうかのカギを握っています。

履修申請の4つのプロセス

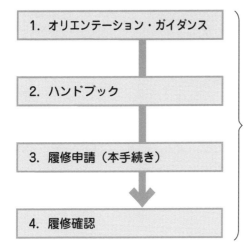

ぜひとも最初の履修申請をいい状態で乗り切ってください。適当にこなしてしまって後でしまったと思っても時すでに遅しです。大学へ入学した今こそ，履修申請の重要さを理解するときです。

(1) オリエンテーション・ガイダンス

あらゆる大学では，入学式の前後に新入生に対してオリエンテーションという時間を設けています。履修申請にあたって必要なノウハウを大学の

担当者が全体ガイダンスを通じて教えてくれるのです。

　それぞれ所属する学部，学科にはどんな授業科目があるのか，1年生ではどの授業を選択できるのか。また必ず履修しなければならないのはどの授業か，業までにどれだけの授業科目を履修しなければならないのかといった，履修に関するさまざまな内容がその場で説明されていきます。ココは大事！と思ったことはメモをとるのも1つの手です。後で忘れたとか，わからなくなるということは最低限防げると思います。

(2) ハンドブック

　新入生には，たいてい履修申請についてあらゆるノウハウが書かれたハンドブックのような冊子が配布されます。これは，もちろん大学それぞれオリジナルなものを作っていますし，同じ大学でも学部によって中身はまったく違います。

　履修ハンドブック（大学によって呼び名が異なるかもしれません）は，経営学部あるいは商学部の学生が履修申請において知っておかなければならないルールや，卒業するまで必要な授業時間数など，ありとあらゆる情報が一冊の本にまとめられているものです。

　近年オリエンテーション・ガイダンスは，このハンドブックを使って実施されています。履修ハンドブックを大いに活用して上手な履修申請にトライしましょう。ルールに沿ったあなたオリジナルの時間割が出来上がれば，計画的に学びを深めることができます。

(3) 申　請

　オリエンテーション・ガイダンスの話を聞き，またハンドブックをじっくり読めたら，時間割プランを作ってみましょう。必修科目は，卒業するのに必ず授業を合格しなければならない科目です。選択科目は，選択可能な科目一覧から選ぶ科目です。

必修科目が開講される曜日時限には他の科目を重複して選択できませんので，空いている曜日時限に選択科目を配置していきます。もちろん外国語や一般教養の科目も選択できます。

　時間割案を手元に用意して，いよいよ履修申請の手続きです。最近はほとんどの大学が大学のホームページなどを経由して，インターネットで履修申請の手続きができるしくみを整えているようです。

　決められたき期限までに手続きが完了できれば，あともう一息です。

手続きは期限までに

(4) 履修の確認

　履修の確認とは，履修申請が希望どおりにきちんと完了しているかチェックすることをいいます。たいてい履修申請の完了から数週間後に，履修の内容を確認する時間が設けられています。この期間内に希望どおりに無事完了していることを注意深く確認してください。

　まれに，自分が申請したつもりで授業に出席したにもかかわらず，履修ができていなかったというケースがあります。せっかくの努力を無駄にしないためにも，この履修確認はミスの防止に役立ちます。

履修確認を忘れないようにしましょう

3 決めるという選択が将来につながる

　大学では,「自ら考え, 行動する」ことが常に求められます。時間割を決め, 履修申請を着実に行うことも同じです。時間割を作成するとき, あなたの週間スケジュールに授業科目をまるでパズルのように組み立てていきます。

　実は, この時間割は大学生活だけでなく, 卒業後の人生に大きく影響するものです。授業科目1つ1つは小さく見えるかもしれませんが, それらの学びが集積したとき, 皆さん自身の潜在的な能力は磨かれ, 未来の成功への道しるべとなります。

　少しずつの努力が実を結びます。1年生の履修申請が4年間の大学生活をどのようなカラーにするのか決定づけます。実学に最も近い学問である, 経営学, 商学を主専攻に選んだ皆さんにとって良い「時間割を考え, 履修する(単位を取得する)」というこの積み重ねが, 人生のキャリア形成に大きなプラスとなることでしょう。

　大学生活を豊かにするだけでなく, 輝く未来を自ら手に入れるために, 今こそがチャンスです。

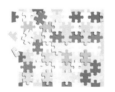

時間割は人生のパズルのようなもの

ポイント

1. 履修したい授業は決まりましたか？
2. 時間割には卒業要件を充たす単位が含まれていますか？

コラム13 ※ 時間割プラン

プランづくりは履修申請前に

何事もプランづくりから始めます。旅行もそうですが，綿密なプランに従って実行すると，実行したときの満足感は大きくなります。

履修申請をする前に，時間割プラン（案）を複数つくってみましょう

複数のプランがあれば，仮に1つの案が難しくても残りのプランが活躍してくれるはずです。どのプランにも共通する授業科目は外せない，重要な科目です。これを履修申請前に理解しておくことで，ミスは防げます。

さて，どのような時間割をつくりますか？

時間割プラン（20××年度前期）

時限	月	火	水	木	金
1					
2					
3					
4					
5					

主要参考文献

飯田哲也, 早川洋行(著)『現代社会学のすすめ』学文社, 2006年。
石井淳蔵, 嶋口充輝, 栗木契, 余田拓郎(著)『ゼミナールマーケティング入門(第2版)』日本経済新聞出版社, 2013年。
伊丹敬之(著)『経営を見る眼 日々の仕事の意味を知るための経営入門』東洋経済新報社, 2007年。
伊藤邦雄(著)『新・現代会計入門』日本経済新聞出版社, 2014年。
岩田規久男(著)『テキストブック 金融入門』東洋経済新報社, 2008年。
小田島雄志(著)『シェイクスピア名言集』岩波ジュニア新書, 1985年。
高橋健二(編訳)『ゲーテ格言集』新潮文庫, 1952年。
西垣通(著)『基礎情報学−生命から社会へ』NTT出版, 2004年。
西沢泰生(著)『一流の人の名言100 偉人たちの言葉に学ぶ旅』メイツ出版, 2014年。
秦野勝(著)『面白いほどよくわかる！哲学の本』西東社, 2012年。
平松一夫(監修)『IFRS 国際会計基準の基礎(第3版)』中央経済社, 2013年。
藤沼亜起, 平松一夫, 八田進二(著)『会計・監査・ガバナンスを考える—鼎談』同文舘出版, 2003年。
本田宗一郎研究会編『本田宗一郎語録』小学館文庫, 1998年。
アルフレッド・チャンドラー Jr.(著), 有賀裕子(訳)『組織は戦略に従う』ダイヤモンド社, 2004年。(原典：Alfred D. Chandler, Jr., 1990. *Strategy and Structure*, The MIT Press.)
ウィリアム・シェイクスピア(著), 松岡和子(訳)『じゃじゃ馬馴らし』シェイクスピア全集20(ちくま文庫)文庫, 2010年。(原典：William Shakespeare, 1968. *The Taming Of The Shrew*, Penguin Books.)
ウォルト・ディズニー(著)『ウォルト・ディズニーの言葉−今, 我々は夢がかなえられる世界に生きている−』ぴあ出版, 2012年。(原典：Walt Disney, 1985. *Big Walt Disney Word Book*, Littlehampton Book Services Ltd.)
ジェリー・メイヤー, ジョン・P・ホームズ(編)『アインシュタイン150の言葉』ディスカヴァー・トゥエンティワン, 1997年。(原典：Albert Einstein (Author), Jerry Mayer (Editor) & John P. Holms (Editor), 1996. *Bite-Size Einstein：Quotations on Just About Everything from*

the Greatest Mind of the Twentieth Century, St. Martin's Press, New York, U.S.A.)

デイビッド・ベサンコ（著），マーク・シャンリー（著），デイビッド・ドラノブ（著），奥村昭博（訳），大林厚臣（訳）『戦略の経済学』ダイヤモンド社，2002年。（原典：David A. Besanko, Mark T. Shanley, David Dranove, 2010. *Ecoomics of Strategy, 5th Edition*, John Wiley & Sons. Inc.)

ピーター・F・ドラッカー（著），上田惇生（訳）『経営者の条件』ダイヤモンド社，2006年。（原典：Peter F. Drucker, 1966. *The Effective Executive*, Harper Collins Publishers, Inc., New York, U.S.A.)

フィリップ・コトラー（著），ケビン・レーン・ケラー（著），恩藏直人（監修），月谷真紀（訳）『コトラー＆ケラーのマーケティング・マネジメント（第12版）』丸善出版，2014年。（原典：Philip Kotler, Kevin Lane Keller, 2006. *Marketing Management*, Twelfth Edition, Prentice Hall.)

マーティン・グリーンバーガー（編），アラン・C.ケイ（著他），鶴岡雄二（訳）『マルチメディア：21世紀のテクノロジー』岩波書店，1993年。（原典：Martin Greenberger (editor), Alan Curtis Kay (author), 1990. *Technologies For The 21st Century On Multimedia*, The Voyager Company, Santa Monica, CA, U.S.A.)

【著者紹介】

齋藤　雅子（さいとう　まさこ）

2001 年　関西学院大学商学部卒業
2003 年　関西学院大学大学院商学研究科博士課程前期課程修了　修士（商学）
2006 年　大阪産業大学経営学部専任講師
2008 年　関西学院大学大学院商学研究科博士課程後期課程修了　博士（商学）
2010 年　大阪産業大学経営学部准教授（現在に至る）
2013 ～ 2014 年　ノーステキサス大学ビジネス学部　客員研究員

〈主要著書〉
『ビジネス会計を楽しく学ぶ』中央経済社，2011 年
『企業結合会計の論点―持分プーリング法容認を考える』中央経済社，2008 年
『IFRS 国際会計基準の基礎』（分担執筆）中央経済社，2011 年
『事例でわかる企業分析』（分担執筆），東京経済情報出版，2009 年
ほか多数。

平成 27 年 3 月 25 日　　初版発行　　　　　　　　略称：基礎ゼミ

ビジネスを学ぶ基礎ゼミナール

著　者 ⓒ 齋　藤　雅　子
発行者　　中　島　治　久

発行所　同文舘出版株式会社
東京都千代田区神田神保町 1-41　〒 101-0051
営業（03）3294-1801　　編集（03）3294-1803
振替 00100-8-42935　　http://www.dobunkan.co.jp

Printed in Japan 2015　　　　　　　　DTP：マーリンクレイン
　　　　　　　　　　　　　　　　　　印刷・製本：萩原印刷

ISBN978-4-495-38521-7

JCOPY 〈(社)出版者著作権管理機構 委託出版物〉
本書の無断複写は著作権法上での例外を除き禁じられています。複写される場合は，そのつど事前に，(社)出版者著作権管理機構（電話 03-3513-6969，FAX 03-3513-6979，e-mail: info@jcopy.or.jp）の許諾を得てください。